自分で作れる
最高のお菓子

相原一吉

文化出版局

目次

本書の決まり
大さじ1は15mℓ、
小さじ1は5mℓ

はじめに

私が作るお菓子はすべて「家庭的なお菓子」です。
なるべくシンプルな材料、配合、作り方をと心がけています。
まず、材料は良質で新鮮なものを使います。
小麦粉、バター、砂糖、卵。
この四つの材料があれば、
サブレ、バターケーキ、スポンジケーキが作れます。
新鮮な材料が作り出す焼き上がりの香りには、
バニラエッセンスも必要ありません。
もちろん、材料だけではお菓子にはなりません。
そのお菓子の作り方を理解してください。
例えばバターの扱い方です。
サブレ、バターケーキの場合、バターのかたさがとても大切です。
ここを間違えると「上出来」にはなりません。

師・宮川敏子の想い出

製菓学校での1年を含めると、お菓子との関わりは、いつの間にか52年になります。私は東京下町の小さな町工場に生まれました。普通の子どものようにお菓子は好きでしたが、日々上等な洋菓子にふれる生活ではありません。身近なお菓子は工場の職人さんたちのおやつの餅菓子、堅焼きせんべい、煎り豆、そして洋菓子では、明治、森永の板チョコレート、近所のミルクホールのシュークリーム、エクレア、そして上等な分では、たまに家族で行く、浅草か銀座の洋菓子店、まさかお菓子に埋もれるような人生になるとは思ってもいませんでした。

はじまりは大学受験の失敗です。将来の目的をまったく持っていなかった私は、浪人生活も考えられず、いろいろと迷った挙句、1年制の調理師学校に入りました。それは楽しく思えなかった高校3年間より、ずっと楽しいものでした。フランス料理で出てくるフランス語を習いにアテネ・フランセへも通い、気の合う友人とフランス料理店巡りもして、あっという間の1年。卒業間近に、学生課で製菓専門科新設の話を聞き、両親に相談、そして許しをもらい入学。そこで出会ったのが師・宮川敏子でした。

講師の先生方はほとんど洋菓子店のご主人や職人さん、その中で、とても異質で不思議なマダム（当時はおばさんと思っていました）、彼女のまわりでは時間がゆっくりと流れ、手先はそれほど器用ではないのに、でき上がるお菓子は上品でとにかくおいしいのです。ク

この本を参考にお菓子を作るときは、
まず、紹介の文、材料表、準備、
手順写真の説明文まで読んでください。
初めてのお菓子でも、手順写真だけを目で追いながら、
いきなり作りはじめる方も多いのです。
せっかくのお菓子、つまらない失敗をしたら、もったいないです。
家庭のお菓子は、ショーケースの中で
目立たなくてもよいのですから、
シンプルに上品に仕上げます。
お菓子作りの手もとに
この本を置いていただければ幸せです。

相原一吉

ラスメイトの中でも人気は高まり、担任の「授業の日程に1日余裕があります。どこか見学に行きましょう」との問いかけに、我々のこたえは「宮川先生のお宅にうかがいたい」となりました。

クラス全員（14、15名）で目白台のお宅の小さい教室にうかがいました。当時は、そこが私の職場になるとは思っていませんでした。卒業が近づいた頃、担任から「相原さん、卒業後、どうなさるのかしら？」と宮川先生からおたずねがあったといい、男性の助手を探していらして、条件は料理ができる男の子とのこと。同級生は私以外全員女性で、条件に合うのは私だけでした。

1973年お菓子教室助手の生活が始まりました。当時、宮川はとても忙しく、目白台の教室のほか、カルチャーセンター、女性誌や本の撮影など、帰りが夜半になるのも普通のことのようになって、私も宮川のお菓子に対する情熱に半ば巻き込まれてしまいました。1976年にフランスの製菓学校エコール・ルノートルに行くために一度、教室を辞めましたが、翌年、助手に復帰。1983年宮川が急逝するまで続きました。

今も続く「お菓子に埋もれた生活」のはじまりでした。

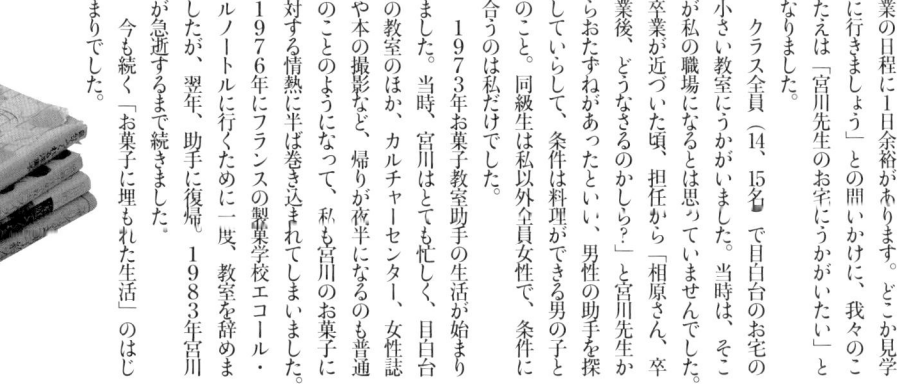

材料について

小麦粉

グルテンの材料になるたんぱく質の量により、多いほうから強力粉、中力粉、薄力粉となります。一般にパン作りには強力粉、菓子作りには薄力粉が使われます。本書でも材料としてはすべて薄力粉を使っています。製菓材料店にたくさんの薄力粉が並んでいます。私は特に迷わず、スーパーマーケットなどでも入手しやすい〝フラワー〟を使っています。打ち粉にはサラサラしている強力粉を使います。

砂糖、グラニュー糖

本書で砂糖としているのはグラニュー糖です。上白糖を使われても結構です。二つの違いは、グラニュー糖はほぼ純粋なショ糖。上白糖も純度は高いのですが、ビスコという転化糖液をふりかけて、しっとりと仕上げています。この転化糖の働きでジェノワーズなどは少し焼き色が強くつき、でき上がりはややしっとりとします。キャラメルソースを作る際は、とても焦げやすいので気をつけます。素朴な甘みがほしいときには、きび砂糖を使います。

粉砂糖

グラニュー糖を粉砕して作られます。仏語でシュックル・グラス。英語でアイシングシュガー。どちらもグラス（アイシング）のための砂糖と名づけられています。本書でも出てきますが、水（分）で溶くとグラス（アイシング）ができるわけです。生地作りにもたびたび登場します。バターケーキ、サブレなど水分の少ない生地によく使います。生地になじみ、溶けやすいからです。バターケーキにグラニュー糖など粒子の大きい砂糖を使うと表面に白っぽい斑点模様が出ます。また、サブレなどにカリッとした食感を作りたいときには、わざとグラニュー糖を使うこともあります。

粉砂糖は空気中の湿気やお菓子の水分で溶けて消えてしまいます。これを防ぐために油脂でコーティングしている〝泣かない粉砂糖〟という商品があります。便利なようですが、おいしくないので私は使いません。また、生地作りには全く使えませんので気をつけます。

卵

卵は個数で表示しています。殻ごと1個60～65gを基準にしています。正味は1個50～55gです。大きすぎれば卵白を減らして調節します。お菓子によっては早めに室温におくなど温度管理をします。

バター

牛乳から作られ、乳脂肪分80%以上で水分は17%以下とされています。やはり洋菓子といえばバターです。風味のよい、新鮮なものを使います。お菓子作りには食塩不使用のバターを使いますが、有塩バターが使えないわけではありません。フランスのブルターニュ地方では、製菓にも料理にも有塩バターがよく使われています。もちろん、少々塩辛くなります。発酵バターが近頃、とても有名になりました。私も主に食塩不使用の発酵バターを使っていますが、こちらのほうが絶対においしいともいえません。メーカーによってずいぶんと風味に違いがあります。どうぞお好みのバターを見つけてください。

生クリーム

バターと同様、牛乳から作られます。乳脂肪分35～47%の製品がクレーム・シャンティイなどに向いていますが、私は35～36%の軽めのクリームを好んで使っています。泡立ちにくいのでよく冷やした小型のガラスボウルに入れ、ハンドミキサーを使っています。もちろん、氷水で冷やしながらステンレスボウルを使っても結構です。乳脂肪分の多い分は泡立ちやすいので、ミキサーでなく手のほうが安全です。容器の種類別に〝クリーム〟とあるのが添加物など入らずにおすすめですが、安定剤が加えてあるものより扱いにくいのが難点です。

アーモンド

丸粒、スライス、ダイス、粉末と様々な形状で売られています。脂肪分が多いので古くなると酸化してしまいます。特に本書でたびたび出てくるアーモンドパウダーは、表面積が大きいので、最も劣化が進みやすいので気をつけます。また、コーンスターチを混ぜたものがあります。ぜひ、アーモンド100%のものをお使いください。近頃、ローストずみの丸粒をよく見ます。便利なようですが、これも劣化が進みやすいので気をつけます。

【オーブンの中温を知る】

本書では、オーブンの設定温度を中温、高温と表しています。また、焼き上がり時間は目安で表しています。それぞれ表示している温度は私が使っているオーブンの温度で、これはあくまでも目安です。なぜ、目安かというと、180℃と示しても、私のオーブンとみなさまのオーブンでは上火、下火の強さや庫内の焼きむらの状況も、個々のオーブンによって違うからです。

大事なことはご自分のオーブンの中温を知ることです。それには実際に焼いてみて、よい状態に焼けるまでの時間がどのくらいなのかを確かめることです。まずは、スポンジケーキ（p.11）を焼いてみましょう。25分くらいでよい状態に焼ければ、その温度がオーブンの中温にあたります。

パートシュクレで作ったサブレ（p.41）を同じ中温で焼いてみれば、オーブンの焼きむらなどのくせがわかります。

一般に、コンベクションオーブンは下火が弱いようです。お菓子作りでは下火が弱いと困りますので、特にリング型、クグロフ型は、天板を使わずに、網の上に型を直接のせて焼きましょう。反対に下火が強いようならば天板を重ねます。焼いている途中で上面が焦げるようならば、アルミ箔をかけるなどします。よく観察をして工夫を重ねるうちにお菓子作りは上達します。

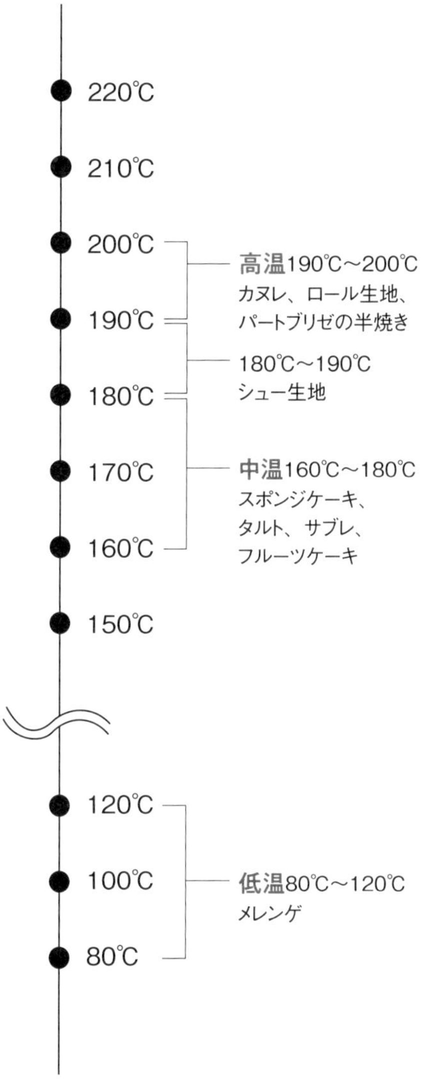

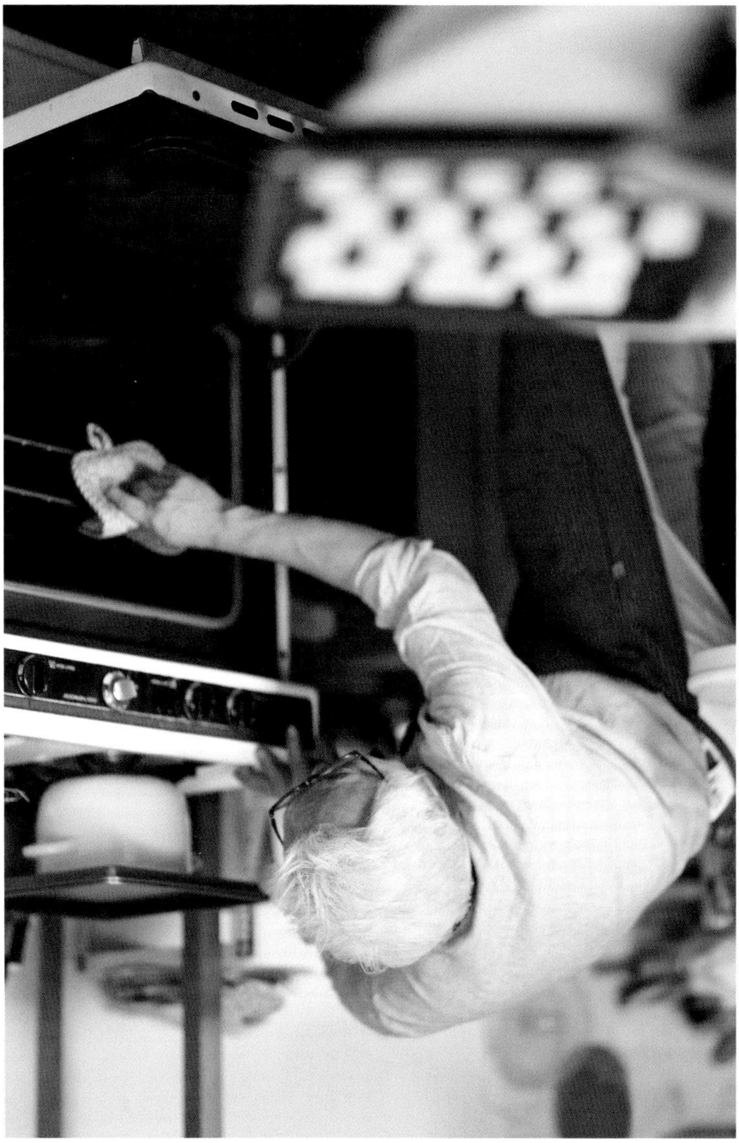

Chapitre

1

全卵を泡立てる「共立て法」

スポンジケーキ

Génoise

洋菓子と聞いてまず思い浮かぶのは〝スポンジケーキ〟でしょうか。ショートケーキ、バースデーケーキなどデコレーションケーキ（フランス語でアントルメと呼ばれます）の台にもなりますし、本書でもアーモンド入り、ロールケーキなどのベースにもなっています。

お菓子の呼び名について少々説明いたします。スポンジケーキ、これはもちろん英語です。フランス語ではスポンジケーキの仲間はすべて〝ビスキュイ〟と呼びます。次に製法で分けると全卵のまま泡立てる（共立て法）ものを〝ジェノワーズ〟、卵黄と卵白に分けて泡立てる（別立て法）ものを〝ビスキュイ〟といいます。

ここではしっとりふわっと焼き上がる〝ジェノワーズ〟を作り、いちごのショートケーキに仕上げます。

スポンジケーキ
Génoise
作り方p.12

スポンジケーキを作ります

生地を作る

卵は、特に全卵は温めると泡立てやすくなります。一方、粉を加えるときに卵が冷めていないとグルテンの粘りが出てしまい、スポンジケーキの仕上がりが重くなります。湯せんにかけて温めたり、水に当てて冷ましたりするのは、そんな理由があるからなのです。

材料(直径20〜22㎝のマンケ型1台分)
卵…3個
砂糖…90g
薄力粉…90g
バター…60g(30〜50gでも)

卵は1個60〜65g(殻ごと)に対して、砂糖、薄力粉をそれぞれ30g、バターは10〜20gを標準とします。直径20〜22㎝のマンケ型で焼く場合は、この3倍量を用意します。卵は大小ありますが、3個の合計が190〜200gくらいになればいいのです。

準備
・卵を常温に戻す。
・型の準備をする(p.126参照)。
・オーブンを中温に予熱する。
・60°Cくらいの湯せんを用意する。
・バターを湯せんにかけて溶かし、保温しておく。

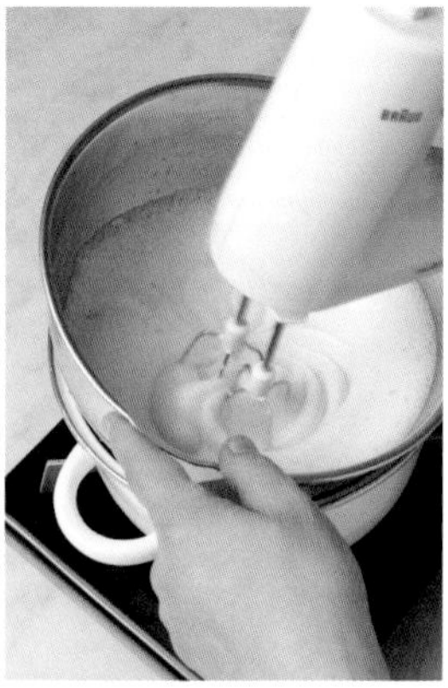

1
ボウルに卵を入れ、ハンドミキサーで少し泡立つくらいにほぐしたら、60℃の湯せんにかけて高速で泡立てる。ミキサーの羽根の先をボウルの底に軽く当て、もう一方の手でボウルをゆっくり回し、全体が均一に泡立つようにする。

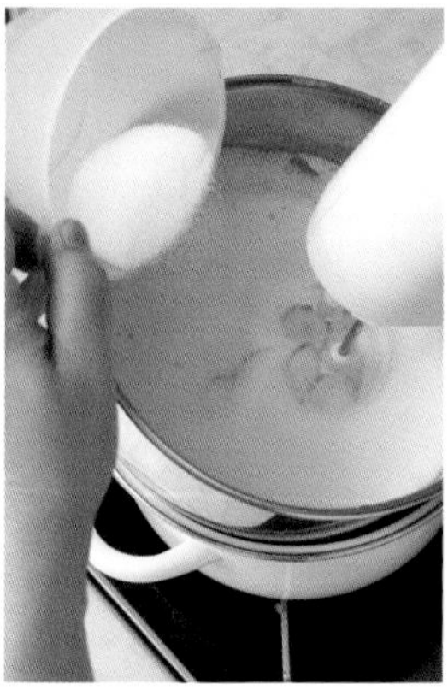

2
砂糖を⅓量ずつ3回に分けて加え、泡立て続ける。

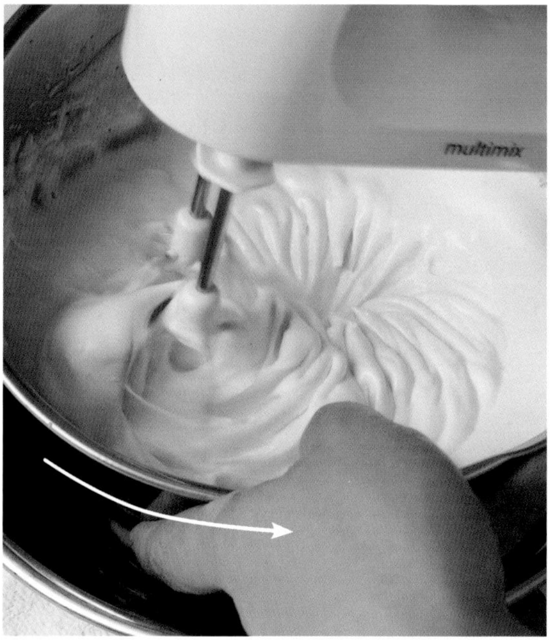

3
卵の泡が40℃ほど(ぬるい風呂くらい)になったら湯せんからはずして、ボウルの底を水に当て、さらに泡立て続ける。

4

充分泡立ったらハンドミキサーから泡立て器に持ち替えて、泡立て具合をみる。

＊泡立て器で泡をすくい上げてスルスルと落ちるくらいだと泡立て不足。一瞬止まって落ちるくらいが理想です。

5

粉の½量をふるいながら加える。

6

泡立て器をボウルの向こう側から底を通して手前に動かし、高く持ち上げて生地をふり落とす。同時にボウルを回転させ、泡と粉を泡立て器のワイヤの間を通しながら合わせていく。

7

粉がほぼ見えなくなったら残りの粉をふるい入れ、粉が見えなくなるまで同じように合わせる。

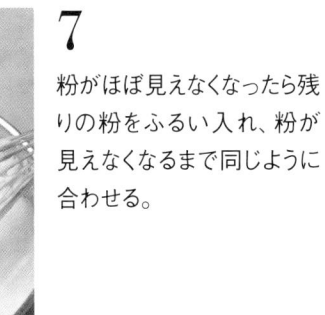

8

湯せんで保温しておいたバター大さじ1を表面に浮くように散らす。

＊バターを大さじ1ずつ加えるのは、一度に加えるとボウルの底にバターがたまってしまい、うまく混ざらないため。底に沈んだバターを全体に混ぜようとすると気泡がつぶれ、粘りが出ます。

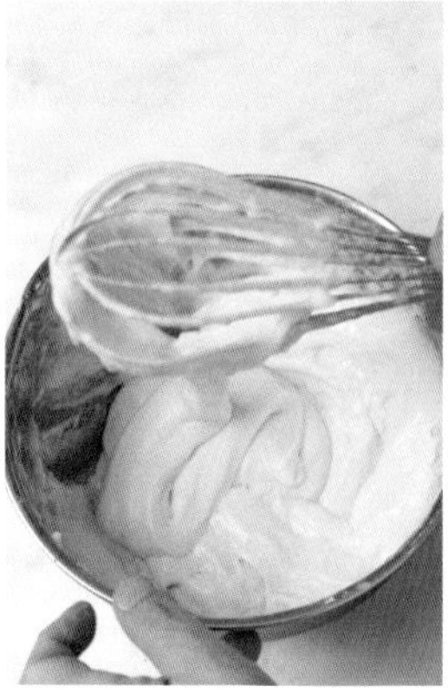

9

泡立て器で生地をすくって高く持ち上げ、バターの上に広く落とし、バターを生地の間にはさむように加える。これを繰り返して、全量を加える。

POINT

泡立て器についた生地はきれいに取る

ワイヤ2〜3本を指ではさみ、ハンドルのほうから先のほうへと指をすべらせ、それを繰り返します。

型に入れて焼く

10

へらに持ち替えて、ボウル側面の生地を落とし、全体をサッと合わせて均一にする。

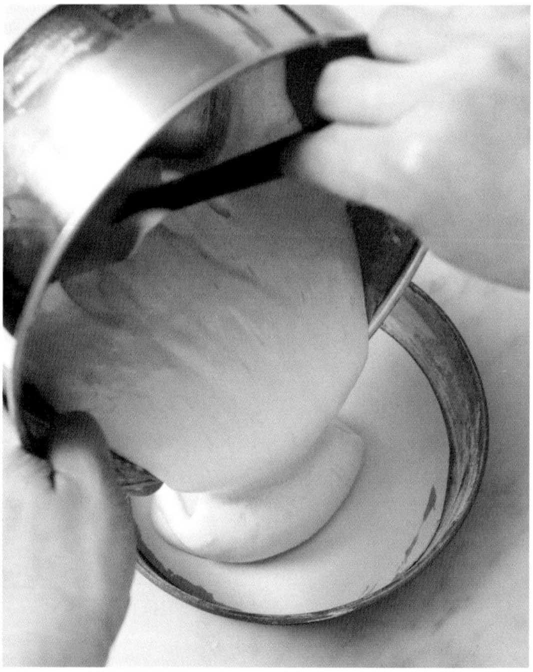

11

用意しておいた型に生地を一気にかいて入れる。

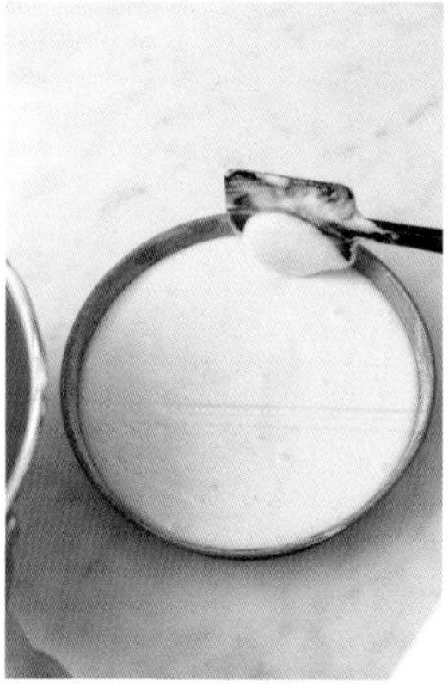

12

ボウルの内側に残った生地をまとめ、火通りのいい周囲に入れる。

13

表面に霧を吹いて中温のオーブンに入れて、20〜30分を目安に焼く。表面中央部に指の腹でそっと触れ、弾力を感じれば焼き上がり。

＊焼き上がりが心配なら中央に竹串を刺し、生地がついてこなければ焼き上がりです。

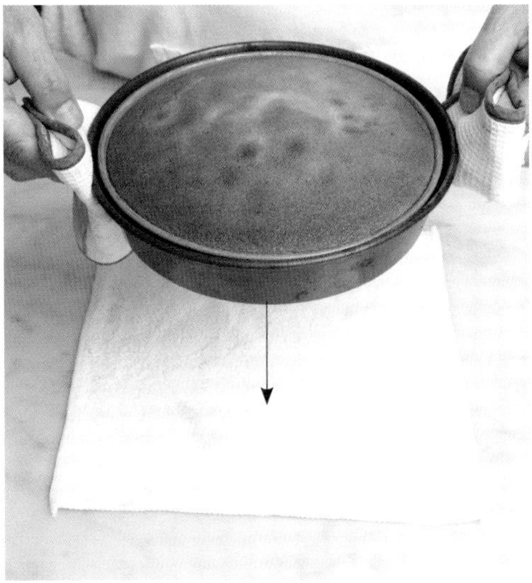

14

台にぬれ布巾を敷き、ここに30〜40㎝の高さから平らにトンと落とし、生地にショックを与える。

＊焼きたてのスポンジケーキにショックを与えるのは、そのまま冷ますと軽い配合の菓子はしぼんでしまうためです。落としてショックを与えると中の熱い空気と外気が瞬時に入れ替わり、早く冷めるのでしぼみにくくなります。これは、食パンなどにも応用できます。

15

表面に網台を当てながら逆さにし、型をはずす。

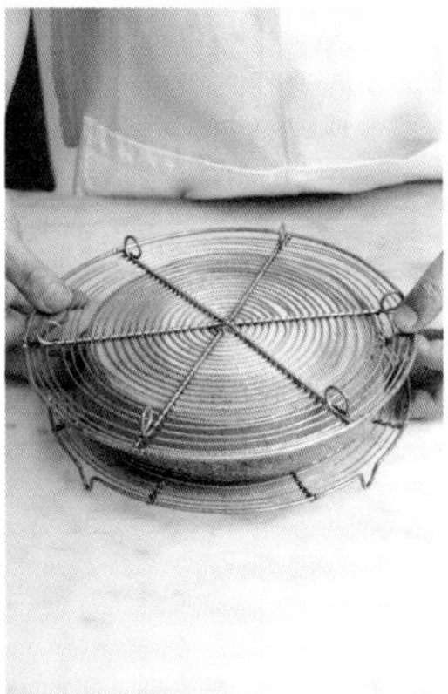

16

再び返して表面を表にして冷ます。

＊そのまま表面を下にしておくと、べたついて網にくっついてしまいます。

いちごのショートケーキ

Gâteau à la fraise

ふんわりしたスポンジケーキに軽い生クリーム（クレーム・シャンティイ）、そして赤くかわいい甘酸っぱいいちご。完璧な組み合わせですね。クレーム・シャンティイとは砂糖を加えて泡立てた生クリーム。パリ郊外の美しい城のある町の名前で、名前も同じ城の厨房で発明されたクリームです。スポンジケーキの間には、自家製のフランボワーズジャムをはさみました。断面にのぞく赤い色と華やかな風味がお菓子をもう一つ上等にします。

材料

スポンジケーキ（p.12参照）…1台
いちご（小粒）…400g
フランボワーズジャム（p.122参照）…80g
リキュール入りシロップ（p.122参照）…適量
クレーム・シャンティイ
- 生クリーム…約350g
- 砂糖…35g（生クリームの10%）

粉砂糖…適量

クレーム・シャンティイの配分

- ケーキの間…120g
- 表面…120g
- 縁…100g

道具の準備

・スライス用の台
・回転台
・ナイフ
・パレットナイフ
・耐熱性ガラス小ボウル
・絞り袋と口金

POINT

クレーム・シャンティイを作る

クレーム・シャンティイはすぐに使わないと水分が出て状態が悪くなります。そのため全量を一度に泡立ててしまわず、ケーキの間、表面、縁飾りをそれぞれ別に泡立てるとよりよい結果になります。私は氷水を当てる代わりに小型のガラスボウルを冷凍庫で充分に冷やし、泡立てています。ボウルを氷水に当てて泡立てる場合は熱伝導のよいステンレスボウルを使ってください。

いちごのショートケーキ
Gâteau à la fraise
作り方p.18

デコレーションをする

材料も道具もすべて一式そろっているかどうか確認してから始めます。

*私は合板に2cm角の角材をはりつけ、スライス専用の台を自作しています。これにスポンジケーキを置き、ナイフを角材の上に当てて前後にのこぎりのように引きながら動かすと均一な厚みに切れます。1cm高さの台、1.5cm高さの台も用意すると便利。

1

スポンジケーキは横2段にスライスし、上半分の断面を下に回転台に置く。

2

表面にシロップをぬり、その上からフランボワーズジャムをぬり広げる。いちごは洗わずに、気になれば刷毛で軽く表面を払う。へたを除き、間にはさむ分は二つに切る。

3

充分冷やしたボウルにケーキの間の分の生クリームと砂糖を入れ、ハンドミキサーの中速で泡立てる。ゆるすぎると流れてしまうのでほどよいかたさにする。半量をジャムの上に置き、パレットナイフで平らにぬり広げる。

4

半割りにしたいちごを表面と断面互い違いにクリームに沈めるように並べる。中心は切り分けが難しくなるのであけておく。残りのクリームをのせて均一に広げる。

5

残りのスポンジケーキの切り口にシロップをぬり、4の上に重ねる。

6

上面をてのひらで軽く押さえて密着させて、表面にシロップをぬる。

7

表面用のクレーム・シャンティイをややゆるめに泡立てて全量を中央にのせる。

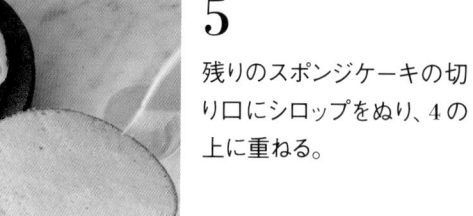

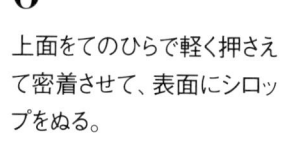

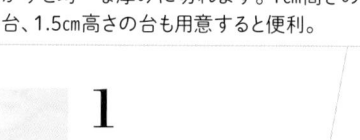

8

パレットナイフでクリームを均一に広げ、回転台を回しながら余分なクリームを外に落とすように上面に広げる。このときパレットナイフはお菓子と平行に動かし、手前側は刃を30°くらい持ち上げる。

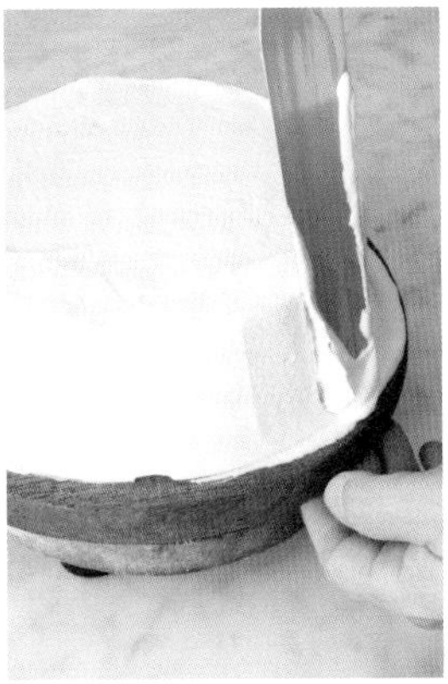

9

上面が仕上がったらパレットナイフを立てて側面に当て、ここでも手前は30°くらい上げ、パレットナイフを固定しながら回転台を回し、クリームをぬっていく。

10

余分なクリームを除きながらお菓子を台から離すため、パレットナイフの先をお菓子と台の間に少し差し込み、台を1回転させる。へたを取ったいちごを中央部に形よく盛る。

11

縁に絞るクリームは、表面用よりもう少しかために作る。これを大きめの口金(星形直径16mm6切れ)を装着した絞り袋に入れ、一定のリズムで縁に絞る。

*冷蔵庫でしばらく冷やして休ませると、全体が安定して切り分けやすくなります。皿に移し、ここではいちごに粉砂糖をふりかけます。

絞り袋の使い方

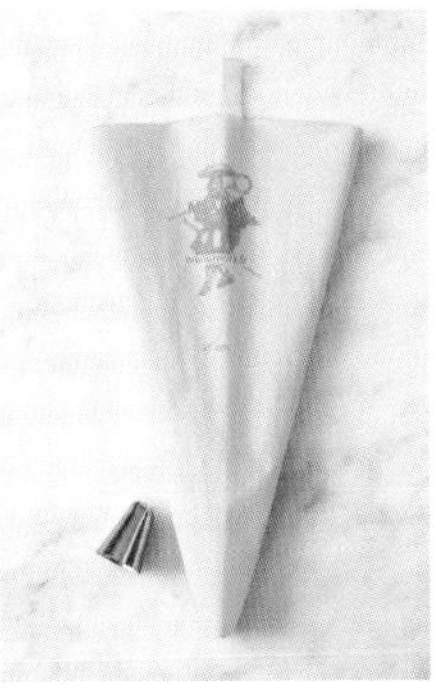

絞り袋と口金を用意する。

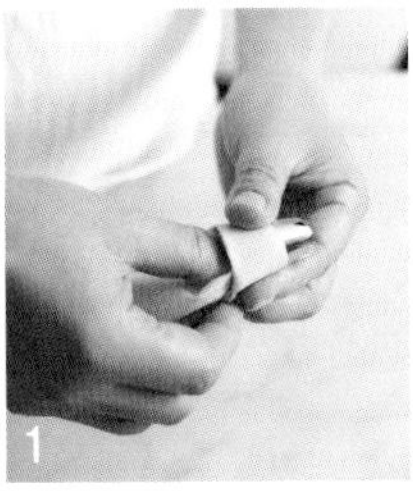

絞り袋に口金を入れ、袋の先に装着する。クリームが流れ出さないように、口金の袋をひねってから差し込む。

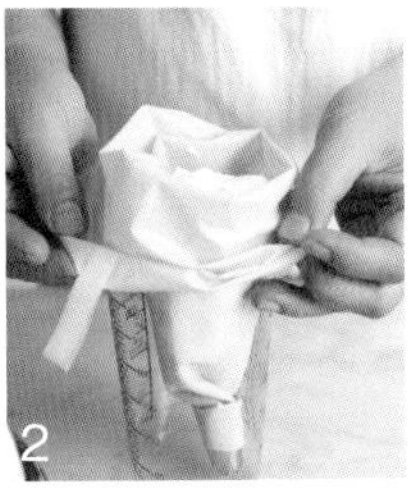

袋の口を折り返して、口が広い計量カップなどにかぶせ、クリームを中に入れたら、折り返しを持ち上げてはずす。

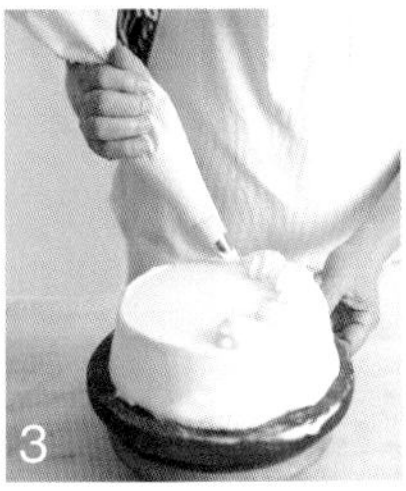

袋の口を一度ひねって、利き手の親指と人差し指の股にはさみ、一定のリズムで絞る。

アーモンド入りスポンジケーキ

Génoise aux amandes

スポンジ生地にアーモンドパウダーを加えて、美しい形の焼き型で焼きました。p.12と配合を比べてみてください。卵、砂糖、バターはそのまま、薄力粉が60gになりアーモンドパウダーが60g加わっています。薄力粉はスポンジケーキのボディを作るのに大きな働きをしますが、アーモンドパウダーには、その半分くらいの力しかありません。ですから、60gのアーモンドパウダーを加える場合、薄力粉は半分の30g減らすことになります。

作り方はスポンジケーキと同じです。アーモンドと相性のよいレモンの皮と汁を加えて、アーモンドのエッセンスをほんの2～3滴。するとアーモンドのお菓子らしさがさらに増します。

材料（直径20～22cmの型1台分）

卵…3個
砂糖…90g
レモンの皮のすりおろし…1個分
レモン汁…小さじ2～3
ビターアーモンドエッセンス…2～3滴
┌ 薄力粉…60g
└ アーモンドパウダー60g
バター…60g

準備

・卵を常温に戻す。
・型の準備をする（p.126参照）。
・オーブンを中温に予熱する。
・60°Cくらいの湯せんを用意する。
・バターを湯せんにかけて溶かし、保温しておく。

1 アーモンドパウダーは網を通してだまをなくし（a）、小麦粉と混ぜてさらにふるう。
2 p.12～13のスポンジケーキの手順1～4を参照して生地を作り、レモンの皮のすりおろしとレモン汁（b）、アーモンドエッセンスを加える。p.13～14の5～10を参照して生地を仕上げる。
3 用意しておいた型に生地をへらで一気にかいて入れる。霧を吹いて中温のオーブンで20～30分を目安に焼く。
4 台にぬれ布巾を敷き、ここに型を30～40cmの高さから平らにトンと落とし、生地にショックを与える。網台を当てながら逆さにし（c）、型をはずして網台の上で冷まし、好みで粉砂糖をふって仕上げる。

b

a

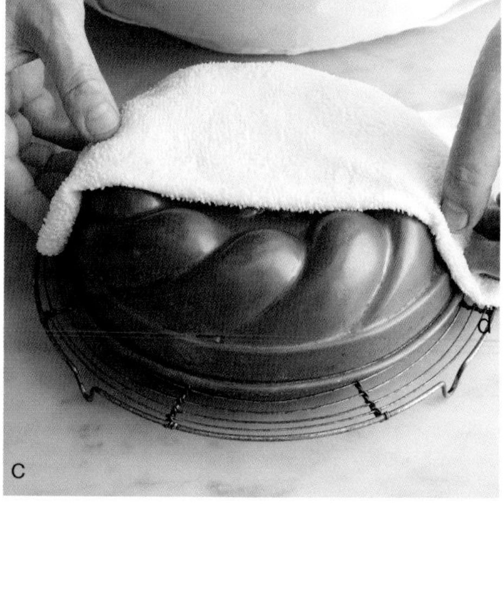
c

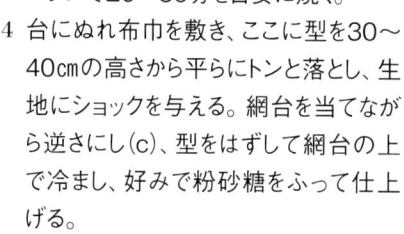

フランボワーズクリームのロールケーキ

Roulé à la framboise

軽やかなロールケーキです。生地はスポンジケーキで卵3個なのですが、砂糖と薄力粉が少なく、卵1個につきそれぞれ20gです。これはロールケーキ専用で、巻きやすい配合になっています。

もう一つ大きな違いがあります。薄力粉の合わせ方。薄力粉が混ぜ足りないと、きめが粗く、紙からもはがれにくく、口当たりもざらっと悪くなります。また、オーブンの温度は高くし、短時間で焼き上げます。そしてさらに、このロールケーキ、外にクリームなどぬりません。底（紙に当たる面）に焼き色がつかないように焼き上げます。もちろん、火は通っています。私のオーブンは下火が強いので天板を重ねて工夫しています。

中のクリームはフランボワーズジャムを加えて泡立てたピンク色のきれいなクレーム・シャンティイで、風味も華やかです。もちろん、これに限らずバタークリームやチョコレートクリームなど、いろいろ応用してください。

生地を作る

p.12〜13の1〜4の作り方を参照し、卵を湯せんにかけながら泡立て、砂糖を加えて充分に泡立ったら、水に当てて冷ます。卵に対して砂糖が少ないので、通常のスポンジケーキよりさらにふわっと泡立つ。薄力粉の量が少ないのでふるいを通して一度に加え、泡立て器で混ぜ合わせる。粉が見えなくなってもさらに合わせ、泡立て器を持ち上げたときにスルスルと落ち、下の生地となじむように感じるくらいにする。

＊スポンジケーキの生地より多く、数えると60回くらい泡立て器を動かしています。

材料（28×28〜30×30㎝までの天板1枚分）

ロール生地
- 卵…3個
- 砂糖…60g
- 薄力粉…60g

リキュール入りシロップ（p.122参照）…適量

フランボワーズジャム入りクレーム・シャンティイ
- フランボワーズジャム（p.122参照）…75g
- 生クリーム…150g

準備
- ・卵を常温に戻す。
- ・天板に底紙を敷く（p.127参照）。
- ・オーブンを高温（約200℃）に予熱する。
- ・60°Cくらいの湯せんを用意する。

生地を天板に流して焼く

1

紙を敷いた天板の中央に、生地を一度に流し入れる。

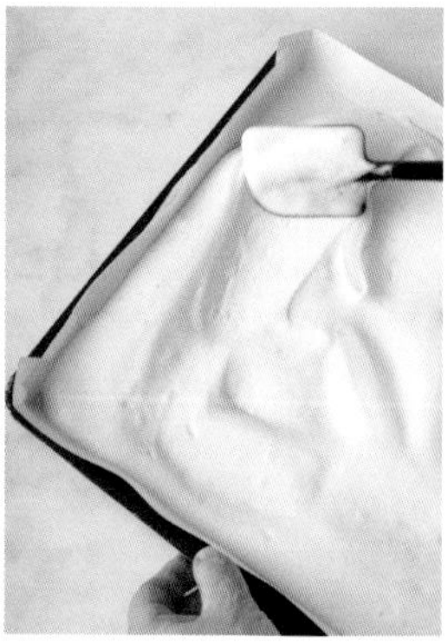

2

へらで生地を四隅に広げる。

3

カードを生地に対して30°くらいの角度に当てて、天板に平行に動かす。1辺が終わるごとに天板を90°動かし、次の辺も同様に平らにならしていく。

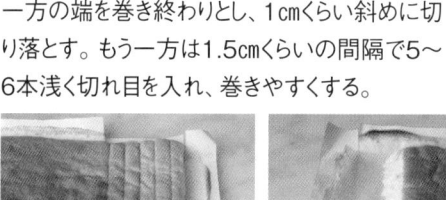

4

全体に霧を吹き、200℃くらいのオーブンで10～12分で焼き上げる。

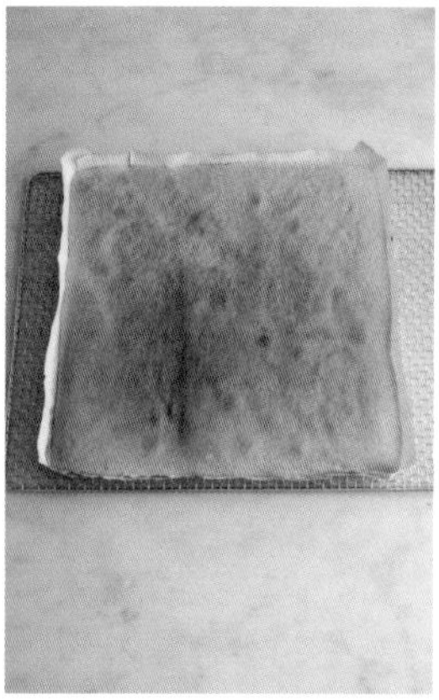

5

焼き上がったら天板ごと平らに落としてショックを与え、網台かトレーに移して冷ます。

＊すぐに使わない場合は乾燥を防ぐため、大きいポリ袋に入れます。このときポリ袋が表面につかないようにふくらませます。

クリームをぬって巻く

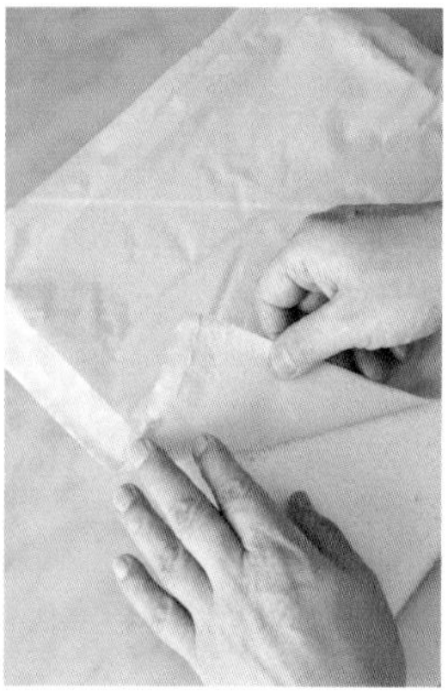

6

ロールケーキの周囲の紙をはがし、新しい紙を表面に当ててロールケーキを裏返す。底紙を周囲から内側に向かって少しずつ、丁寧にはがす。このはがした紙を再び当てて、下の紙ごと表に返す。

＊はがした紙が巻きすになります。しっとりしているので使いやすいです。

7

一方の端を巻き終わりとし、1cmくらい斜めに切り落とす。もう一方は1.5cmくらいの間隔で5～6本浅く切れ目を入れ、巻きやすくする。

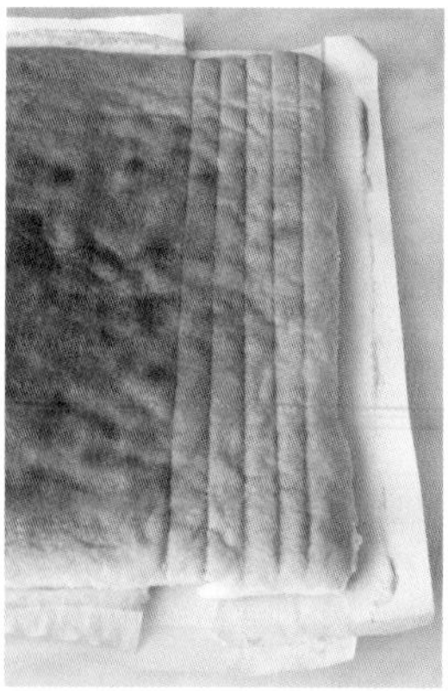

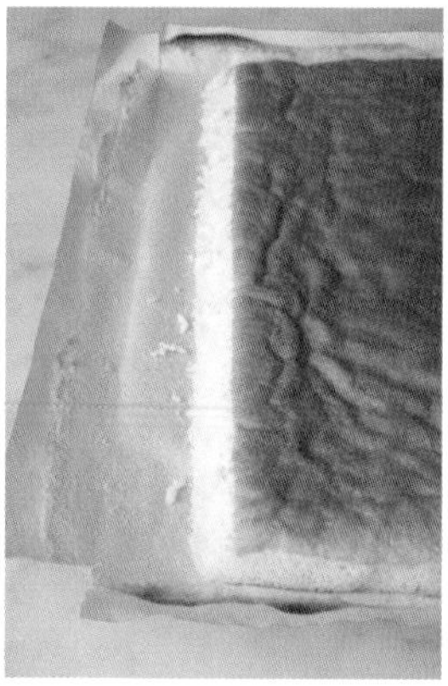

8

全体にリキュール入りシロップを軽くぬる。

＊シロップの量が多いとペタッとした仕上がりになってしまいます。

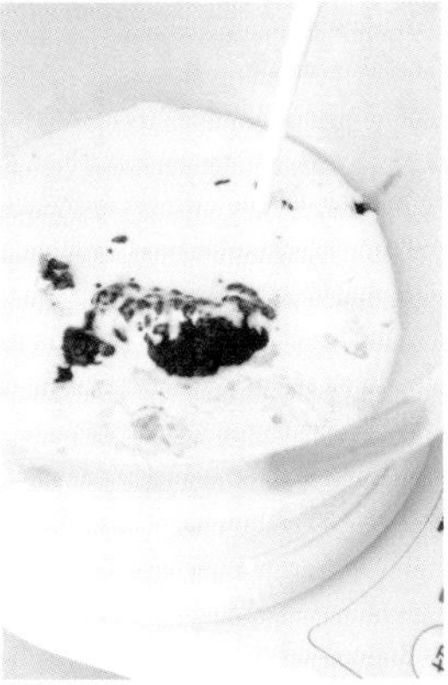

9

クリームを作る。冷やしたボウルに冷たいジャムと生クリームを入れる。ハンドミキサーを低速にしてジャムと生クリームをなじませ、均一になったところで、中速にして泡立てる。

＊泡立てすぎは困りますが、ゆるいと巻けません。ショートケーキなどにぬるときよりもだいぶかためです。ジャムのペクチン分が作用するのか、このクリームは比較的安定性があります。

10

クリーム全量を生地の中央に置き、まず縦方向にざっと広げ、パレットナイフに持ち替えて左右に広げる。巻き始めと巻き終わりはやや少なめにし、その他は均一にする。

11

底紙を巻きすとして使い、手前から巻いていく。巻き始めの部分がロールケーキの中心になるので、ここがしっかり巻けていないと全体がゆるくなる。芯を作るように巻き始める。

12

途中、様子を見ながらしっかり巻く。

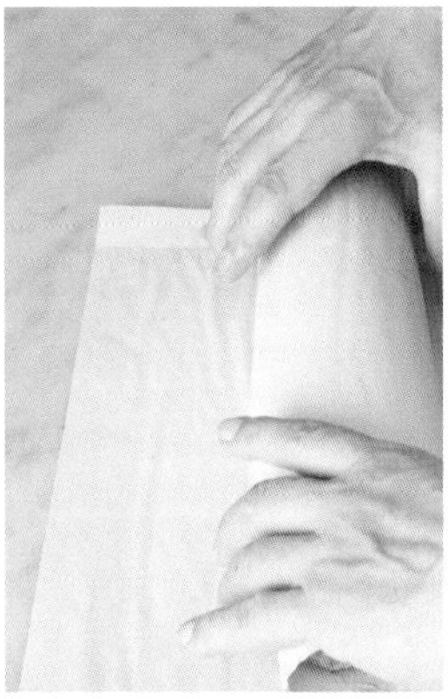

13

巻き終わりを下にして冷蔵庫に入れ、クリームが安定するまで冷蔵庫で休ませる。

フランス菓子という意識もない子どもの頃から〝マドレーヌ〟はありました。平たい菊型にグラシン紙を敷いて焼かれたもので、特に興味はひかれませんでした。けれど私が入学した調理と製菓の専門学校が東京・駒込にあり、すぐ近くの「東京カド」というフランス菓子店で貝殻形のマドレーヌに出合って、その美しい形に心ひかれたのです。私の師の教室でも貝殻形マドレーヌは定番のお菓子で、師は自身で工夫した軽いマドレーヌを好んでいました。

後年フランス・ロレーヌ地方のマドレーヌで有名なコメルシーを訪れたりしているうちに、私のマドレーヌ観が少しずつ変化して、このマドレーヌになりました。工夫の結果ではありますが、フランスの手法に〝先祖返り〟しただけです。

卵を充分泡立てて作るわけではありませんが、スポンジケーキの仲間と考えています。泡立てる代わりにベーキングパウダーを使います。生地の中で炭酸ガスが発生してプクッとふくらんだかわいい形になります。バターたっぷりの重めの配合でしっかり焼いたこの菓子は日もちもよく、食感、風味の変化も楽しめ、最も家庭菓子らしいものの一つでしょう。

マドレーヌ

Madeleine

マドレーヌ

材料（マドレーヌ型15〜16個分）

卵…2個（正味約100g）
塩…ひとつまみ
砂糖…120g
レモンの皮のすりおろし…½〜1個分
レモン汁…小さじ2
薄力粉…120g
ベーキングパウダー…小さじ⅔
バター…100g

準備

・型の準備をする（p.126参照）。
・薄力粉とベーキングパウダーを合わせてふるう。
・オーブンを高めの中温に予熱する。
・60°Cくらいの湯せんを用意し、バターを溶かす。

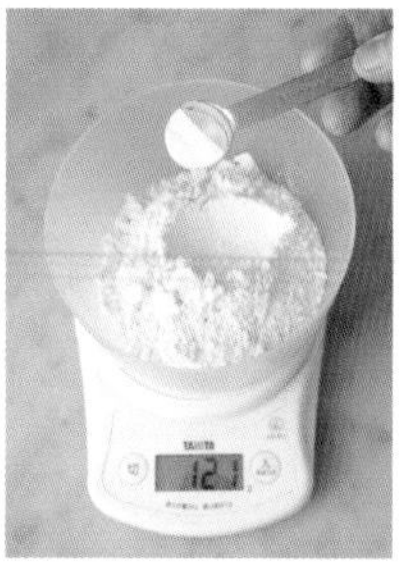

1 ボウルに卵を入れ、塩を加えて、ハンドミキサーでほぐす。砂糖を加えて溶けるまで攪拌する。

2 レモンの皮のすりおろしとレモン汁を加える。

3 粉を二度に分けて加え、その都度、粉が見えなくなるまでへらで混ぜる。

＊粘りが出るのは気にせずに。

4 溶かしバターを一度に加え（a）、バターが見えなくなり均一になるまで混ぜる。ラップフィルムをかぶせ、涼しい所にしばらくおく。

＊すぐに焼いてもいいですが、生地を休ませるとなじみ、なめらかになります。

5 全体を均一になるよう静かに混ぜて絞り袋に入れ、用意した型の八分目ほどに分け入れる（b）。霧を吹いて高めの中温のオーブンに入れ、15分くらいで焼き上げる。

＊小型の菓子はゆっくり焼くと乾いてしまうので、スポンジケーキなどより20°Cくらい高いオーブンに入れます。

6 台にぬれ布巾を敷いた上に型をトンと落とし、すぐに網台にあけて、そのまま冷ます（c）。

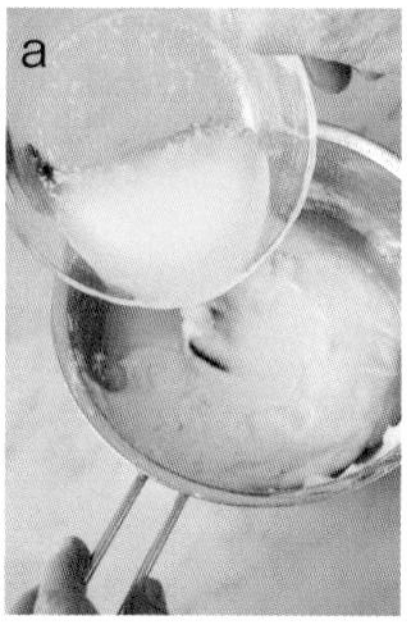

a

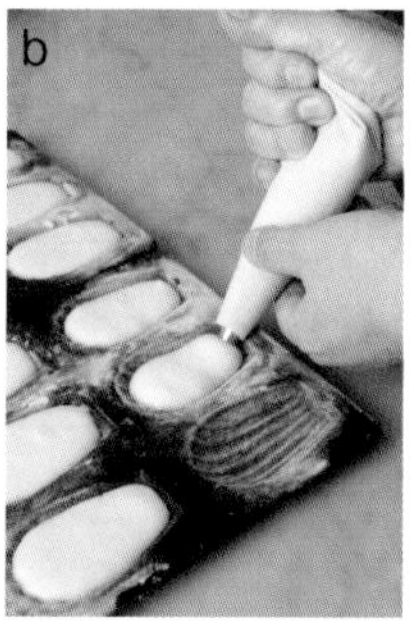

b

c

バナナ入りマドレーヌ
Madeleine à la banane
作り方p.28

マドレーヌ
Madeleine
作り方p.26

バナナ入りマドレーヌ

材料（マドレーヌ型と6.5㎝のタルトレット型合わせて約18個分）

- バナナ…100g（正味）
- 塩…ひとつまみ
- 砂糖…100g
- 卵…1個（正味50g）
- バニラエクストラクト…数滴

- 薄力粉…125g
- ベーキングパウダー…小さじ1

バター…100g

準備

・型の準備をする（p.126、127参照）。
・薄力粉とベーキングパウダーを合わせてふるう。
・オーブンを高めの中温に予熱する。
・60°Cくらいの湯せんを用意し、バターを溶かす。

1 バナナ、塩、砂糖、卵、バニラエクストラクトをカップに入れ（a）、スティックミキサーで均一になるまで撹拌する。

＊ミキサー、フードプロセッサーでもよい。

2 ボウルに移し、マドレーヌと同様、粉を二度に分けて加え混ぜ、さらに溶かしバターを加え混ぜる。

＊この生地は休ませずに焼きます。

3 タルトレット型にグラシン紙のカップを敷き、絞り袋に入れた生地を分け入れる（b）。マドレーヌ型にも同様に入れ、霧を吹いて、それぞれ高めの中温のオーブンに入れて15分ほどで焼き上げる。
カップケーキは冷ましてから、クレーム・シャンティイ（分量外）を絞って仕上げた（c）。

以前から〝パン・ドゥ・バナーヌ〟としてバナナ入りケーキを焼いていました。型に入りきらない生地をカップケーキにもしていました。そこで思いついたのが〝マドレーヌ〟。配合もマドレーヌに寄せて工夫しました。タルトレット型にグラシン紙のカップを敷いてなつかしいマドレーヌも再現しました。自立するベーキングカップも便利と思います。バナナの水分があるのでマドレーヌほど日もちはしません。

c

b

a

＼カンタン／

揚げ菓子

シュンケリ

Schenkeli

スイスのカーニバルの揚げ菓子で、シュンケリとは〝太もも〟の意です。棒状に作り中央部がふくらむことから名づけられたのでしょう。ここでは大きめの星形口金で、逆S字の形とリング状に絞りました。昔、教室の助手になりたてで、オーブンの扱いにも不慣れだった私にも、シュンケリは安心して作れるお菓子でした。スイス風、アーモンド入り、そして美しい形、それまで出合ったことのないドーナッツでした。最も手軽に作れるスイス菓子では？と思います。

1 薄力粉、アーモンドパウダー、ベーキングパウダーは合わせてふるっておく。

2 ボウルに卵を入れてほぐす。塩と砂糖を加え、泡立て器で砂糖を溶かすように混ぜ、溶かしバター、レモンの皮と汁を加え混ぜる。

3 泡立て器をはずし、合わせた粉類を加えてへらで粉が見えなくなるまで合わせる。

4 星形の口金をつけた絞り袋に生地を入れ、オーブンペーパーの上に絞り出す(a)。ペーパーごと150〜160°Cの油に入れ(b)、すぐにはさわらず、中心まで火が通るようにゆっくりと揚げる。油をきり、粉砂糖をふる。

a

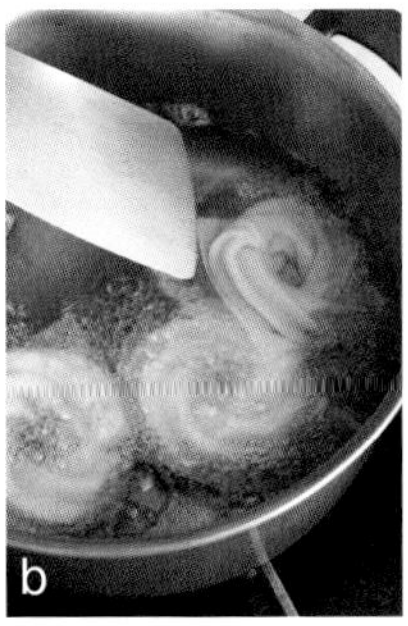
b

材料(10〜12個分)
卵…1個
塩…ひとつまみ
砂糖…50g
バター…25g
レモンの皮のすりおろし…½個分
レモン汁…小さじ1〜2
薄力粉…100g
アーモンドパウダー…25g
ベーキングパウダー…小さじ¼
揚げ油、粉砂糖…各適量

準備
・60°Cくらいの湯せんを用意し、バターを溶かす。

Chapitre

2

バターに卵黄と卵白を分けて加える「別立て法」

バターケーキ

Quatre-quarts

英国生まれのお菓子です。基本の配合はバター、砂糖、卵、小麦粉が同割ずつ。英国ではパウンドケイク、四つの材料が1パウンドずつ。フランスではカトルカール、¼ずつ四つという名がついています。作り方はまず、バターを攪拌して空気を含ませてふくらませます。これをクリーミングといいます。このお菓子で大事なことは、バターのかたさ。クリーミング性が発揮できるよい状態に保ちます。

フルーツケーキに加えるドライフルーツ、ナッツ類に特に決まりはありませんが、小麦粉に対して200%は入れたいですね。もちろん、少なくていけないわけではありません。お好みです。ちなみに写真のフルーツケーキは300%で300gを加えました。

このケーキに向いているのはラム酒漬けレーズン、オレンジピール、ドレンチェリー、干しいちじく、干しプラムなど。かたい干しいちじくはケーキと違和感のないように、英国流に熱い紅茶に漬けるとか、ラム酒などに漬けるとか工夫をします。市販品のドレンチェリーは好みでないかたも多いです。私もそうです。でもケーキが華やかになるので、私はしばらくキルッシュ酒漬けにして使いますが、ラム酒でもブランデーでも充分おいしいです。ナッツも丸粒アーモンドはかたいですね。くるみはとても向いています。

フルーツケーキ
Plum-cake
作り方 p.32

フルーツケーキを作ります

材料(20×8×高さ6㎝、容量900㎖のパウンド型1台分)

バター…100g
塩…ひとつまみ
粉砂糖…50g
卵黄…2個分
アーモンドパウダー…30g
レモンの皮のすりおろし…1個分
レモン汁…大さじ1〜2
メレンゲ
- 卵白…2個分
- 粉砂糖…50g

ラム酒漬けレーズン、オレンジピール、
　干しいちじく、ドレンチェリー…計300g
薄力粉…100g

準備

・卵を常温に戻す。
・バターをやわらかくする。
・型の準備をする(p.127参照)。
・オーブンを中温に予熱する。
・オレンジピール、干しいちじく、ドレンチェリーはそれぞれ刻んでラム酒漬けレーズンと合わせる。

*バターは室温にしばらくおいて、包装紙の上から指で押すとすっと入るかたさにします。あるいは、冷蔵(5°C)のバター100gを500Wの電子レンジで10秒、かたければ上下返してさらに7〜8秒かけます。

生地を作る

1

やわらかくしたバターをボウルに入れて塩を加え、泡立て器で混ぜる。泡立て器を持ち上げたとき、やわらかい角が立つくらいがいい。

2

粉砂糖を3回に分けて加えながら、その都度かき立ててクリーミングする。

*クリーミングとは、バターを撹拌して、空気を含ませること。卵に遠く及びませんが、バターも撹拌すると空気を含みます。

3

卵黄を加え混ぜる。卵白は後でメレンゲを作るので泡立て用のボウルにとりおく。

4

途中でもバターのかたさを確認する。泡立て器を持ち上げたとき、やわらかい角が立つくらいがいい。

＊ゆるければボウルの底を水に当ててしめ、部屋が寒くかたすぎればボウルの底を少し温めます。

5

アーモンドパウダー、レモンの皮のすりおろし、レモン汁を順に混ぜ合わせる。

6

メレンゲを作る。粉砂糖は一度に加えず、3〜4回に分けて加え、その都度ミキサーでよく泡立てて、しっかりしたメレンゲを作る。まずミキサーの低〜中速で卵白をよくほぐし、最初の粉砂糖を加えて高速で泡立てる。ピンと角が立つようになったら2回目の粉砂糖を加え、同様に泡立てる。これを繰り返し、しっかりしたメレンゲを作る。

7

5のバターのボウルにフルーツの半量を加え、全体に混ぜる。

＊大きい泡立て器を持っていない方やへらのほうが慣れている方は、へらをお使いください。

8

7のボウルに、メレンゲは3回、粉は2回に分けて加えていく。まずメレンゲの⅓量を加え、底から泡立て器を持ち上げ、生地をワイヤの間を通して落としながら合わせる。

9

メレンゲがほぼ見えなくなったら、粉の半量をふるいを通して加え、ほぼ粉が見えなくなるまで合わせ、2回目のメレンゲを合わせる。

10

残りの粉をふるい入れ、残りのフルーツも加え、同様に合わせる。

11

最後に残りのメレンゲを加え、これは見えなくなるまで合わせる。

生地を型に入れて焼く

12

へらに持ち替え、まわりの生地を落として、底からも返して全体を均一にする。

13

用意した型にへらでなるべく紙の縁につけないように入れ、表面をさっとへらで整える。

POINT

泡立て器についた生地はきれいに取る

ワイヤ2～3本を指ではさみ、ハンドルのほうから先のほうへと指をすべらせ、それを繰り返します。

14 ぬれ布巾の上にトントンと落とし、生地を落ち着かせる。霧を吹いて中温のオーブンに入れる。

15 途中、様子を見ながら約40～50分を目安に焼き上げる。ぬれ布巾の上に5～6cmの高さから数回トントンと落とし、ショックを与える。両端の紙の縁を持ち、型からはずして網台に移す。

*焼き上がりの目安は、割れ目が乾くことですが、心配なら中心部に竹串を深く刺して生地がつかないことを確認します。
*このお菓子はとてももろいのでスポンジケーキのように高い所からは落としません。また型が不安定なので注意します。

青けしの実のトルテ

Mohntorte

けしの実をたっぷり使うお菓子です。食べると歯の間でプチプチとはじけ、香ばしくおいしいのです。フランスではそれほど出合いませんが、パリでもユダヤ街のお店に行くと、チーズケーキ同様、必ず出合えます。中東から東欧、オーストリア、ドイツとヨーロッパでも東のほうでけしの実はよく使われています。黒ではなく〝ブルーポピーシード〟と呼ばれて、よく見ると明るいグレーからチャコールグレーと粒により色が異なっています。白いけしの実でも作れますが、ぜひ、ブルーでお作りください。生地はフルーツケーキの仲間ですが、牛乳が50g入ります。水分が多く入るので軽やかにでき上がります。ここではウィーン風にクレーム・フェッテ（砂糖なしの泡立てクリーム）を添えました。

材料（直径20㎝のマンケ型1台分）

バター…120g
塩…ひとつまみ
粉砂糖…60g
卵黄…3個分
ブルーポピーシード…120g
ラム酒…大さじ1
レモン汁…大さじ1
牛乳…50g（人肌に温める）
メレンゲ
　卵白…3個分
　粉砂糖…60g
薄力粉…80g
仕上げの粉砂糖…適量

準備

・卵を常温に戻す。
・バターをやわらかくする（p.32参照）。
・型の準備をする（p.126参照）。
・オーブンを中温に予熱する。

1 やわらかくしたバターをボウルに入れ、塩を加えて混ぜる。粉砂糖を3回に分けて加え、その都度かき立ててクリーミングする。

2 卵黄を加えて混ぜ、次にポピーシードを一度に加え（a）、よく混ぜる。ラム酒、レモン汁、牛乳（b）はそれぞれ大さじ1ずつ加え、その都度、完全に混ざったことを確認してから次を加える。

＊ポピーシードは必ず、水分の前に加えます。水分を吸ってくれます。

3 卵白でしっかりしたメレンゲを作り、2の生地にメレンゲは3回、粉はふるいを通して2回に分けて加えていく。まずメレンゲの⅓を加え、ほぼ見えなくなるまで混ぜる。次に粉の½、メレンゲの⅓、残りの粉、残りのメレンゲと順に混ぜる。最後はへらに持ち替え、周囲の生地を落とし、全体が均一になるようにへらで合わせ、用意した型に入れ（c）、表面をならして霧を吹き、中温のオーブンで約40〜50分を目安に焼き上げる。

4 取り出して、ぬれ布巾の上に落としてショックを与え、スポンジケーキのように網台を当てて返し、型からはずし、再び網台を当てて返し、焼き面を上にして冷ます（p.15参照）。仕上げに粉砂糖をふる（d）。

＊ここではチョコレートのトリュフ用の網をのせ、細かい格子模様をつけました。もち焼き網などでも。

a

b

c

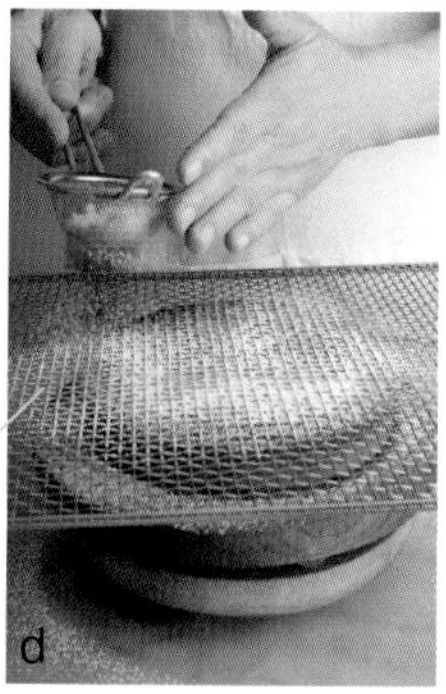
d

シバの女王

Reine de Saba

旧約聖書に登場する女王の名がつけられています。サバ国は今のエチオピア辺りにあったのではといわれています。フランスでは普通のマンケ型などで焼かれていますが、女王なので王冠型（日本のリング型）で焼きました。ここに紹介する配合は、食感はもろいながらもしっかりと焼けます。もっと内部がしっとりやわらかいでき上がりをお好みの方は、思い切って薄力粉を半分くらいにしてもよいのではと思います。生地としてはp.31のフルーツケーキの仲間です。

　このお菓子、バターもチョコレートもたっぷり入っています。冷やすと、とてもかたくなり口当たりが悪くなります。下の写真のように生クリームをのせると冷蔵の必要がありますので、少しずついただく場合、左ページのようにクリームを添えるほうをおすすめします。

材料（直径18cmのリング型1台分）

バター…120g
塩…ひとつまみ
ダークスイートチョコレート
（カカオ分60%くらい）…120g
卵黄…3個分
アーモンドパウダー…60g
メレンゲ
　卵白…3個分
　粉砂糖…60g
薄力粉…60g

準備

・卵を常温に戻す。
・バターをやわらかくする（p.32参照）。
・60°Cの湯せんを用意する。
・型の準備をする（p.126参照）。
・オーブンを中温に予熱する。

1 チョコレートを小型のボウルに入れ、60℃の湯せんにかけてなめらかに溶かして、湯せんからはずし、粗熱を取る。
2 やわらかくしたバターを別のボウルに入れて塩を加え、クリーム状にする。ここに1のチョコレートを加え混ぜる（a）。
3 卵黄3個分を一度に加えて混ぜる（c）。卵白は後でメレンゲにするので別のボウルにとりおく。
4 クリーミングして空気を含ませる。空気を含むと生地の色がミルクチョコレートのように変わる（d）。
5 アーモンドパウダーを加え混ぜ、続いて他のバターケーキと同様にメレンゲを作り、メレンゲ⅓、粉半分、メレンゲ⅓、残りの粉、残りのメレンゲと加えていく。
6 へらに持ち替えて周囲の生地を落とし、全体を均一にして（e）、用意した型に入れる。この生地はフワッと軽く、流動性があまりないので、ぬれ布巾の上にトントンと数回落とし、表面もさっとならして霧を吹き、中温のオーブンに入れて約40〜50分を目安に焼き上げる。
7 焼き上がりはフルーツケーキ同様に割れ目が乾くことが目安。心配なら竹串で確認する。型ごとぬれ布巾の上に落としてショックを与え、型からはずす。
8 クレーム・フェッテを添えていただく（f）。

b

＊ここからの生地の状態が大切です。他のバターケーキ同様、クリーミングして空気を含ませるのですが、温度に敏感なチョコレートが入っているので、温度が下がりすぎると固まってしまいます。冬に寒い台所などで作っていると、泡立て器が動かないくらいになります。また、冷たい材料が入ることでも固まってしまいます。最も注意するのは卵の温度です。卵黄を加えて冷えてしまったところで、ボウルの底を少し温めたり、冷ましたりして（b）調整すればよいのですが、冷たいメレンゲを加えて固まってしまった場合は厄介です。元には戻りません。対策としては室温、材料の温度に気をつけます。

＊雪の綿帽子のようにクリームをのせました。生クリームは砂糖を加えずやわらかめに泡立て、大さじでたっぷりすくってお菓子の上にそっと置きます。同様に前のクリームに少し重なるように次のクリームを置いて1周したら、網台を少し持ち上げ、トンと台に落とし、これを繰り返すとクリームが少し降りていきます。

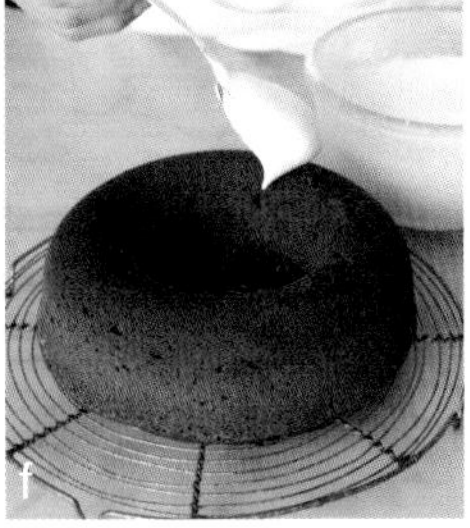
f

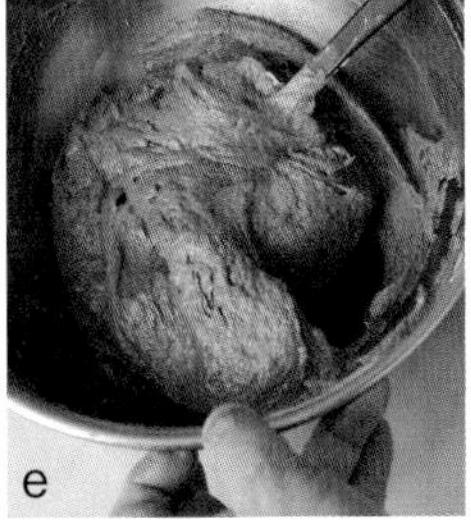
e

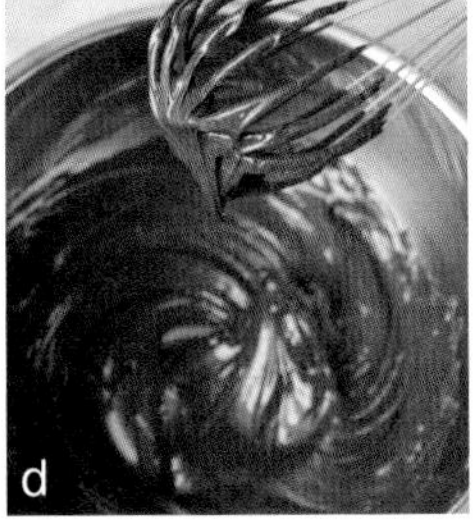
d

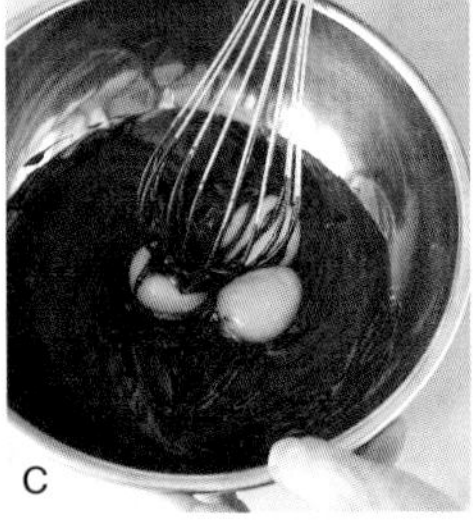
c

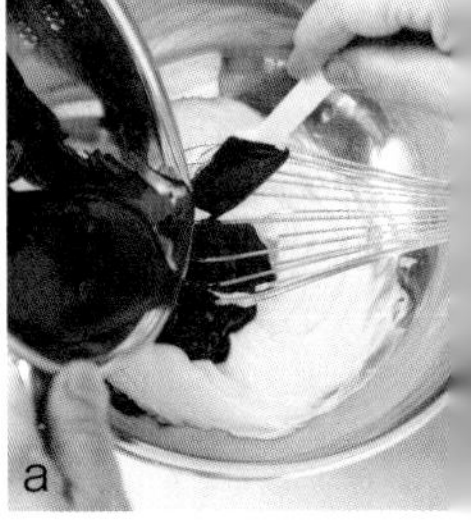
a

Chapitre

3

パートシュクレを基本に、いくつかの生地で

サブレと小さな干菓子

Petits fours secs

この章ではサブレ、クッキーの仲間を紹介します。フランス語ではプティフールセック、またはフールセックと呼ばれている、ひと口あるいはふた口で食べられる、乾いた焼き菓子です。湿気ないようにすれば日もちがしますので、忙しいときもゆったりできるときも幸せなお茶が楽しめます。もちろんプレゼント品にも最適です。

写真の左端、丸いサブレ（プレーン）は最もシンプルなサブレです。生地の名はパートシュクレ。直訳すると〝甘い生地〟となりますが、味、食感、作りやすさ……すべてにバランスのよい生地、そしてお菓子です。本書のタルト、タルトレットでも登場していて、私の教室でも最もよく仕込む生地かもしれません。材料もバター、粉砂糖、卵黄、小麦粉と四つだけ（塩を加えますが）。もちろん、好みの問題ですがバニラなどは不要です。新鮮で上質な材料を用意して丁寧に仕込んで焼き上げると、バターの風味と焼き上がりの香ばしさはまさに〝最高のお菓子〟。作るときはいつも、このサブレが大好きだった師を思い出します。

ハートのサブレも丸いサブレと同じ生地です。彩りと味の変化をつけるためにグラスをぬりました。中央のココア入りサブレは、生地にココアを加えたパートシュクレです。生地の仕込み方や成形はまったく一緒です。

サブレ
Sablé simple
作り方 p.44

ココア入りサブレ
Sablé au chocolat
作り方 p.45

ハートのサブレ
Sablé glacé
作り方 p.45

パートシュクレを仕込みます

材料（作りやすい分量・でき上がり約400g）
バター…100g
塩…ひとつまみ
粉砂糖…80g
卵黄…大1個分（20g）
薄力粉…200g

準備
・バターをやわらかくする。
・卵黄を20g用意する。足りなければ卵白を足す。

＊バターは室温にしばらくおいて、包装紙の上から指で押すとすっと入るかたさにします。あるいは、冷蔵（5℃）のバター100gを500Wの電子レンジで10秒、かたければ上下返してさらに7〜8秒かけます。

生地を作る

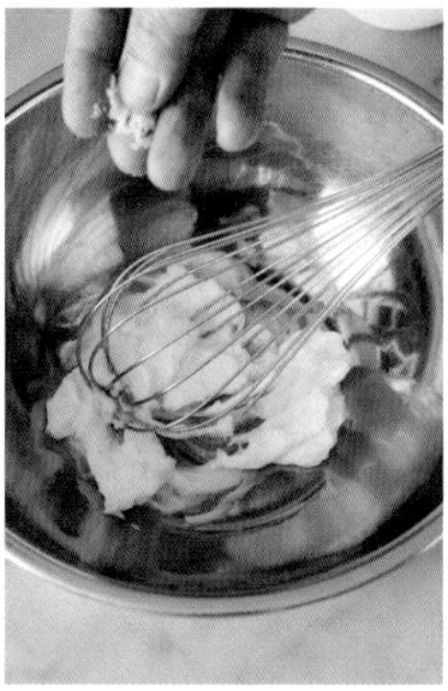

1

ボウルにやわらかくしたバターを入れ、塩を加えて泡立て器でかき立て、泡立て器を持ち上げたときに、やわらかい角が立つくらいにする。

2

粉砂糖を3回に分けて加え、その都度、充分にかき立てる。

＊これはバターケーキでも紹介しましたが〝クリーミング〟といい、バターに空気を含ませる操作です。スポンジケーキの泡立てほどではありませんが、サブレの食感がほどよく軽くなります。

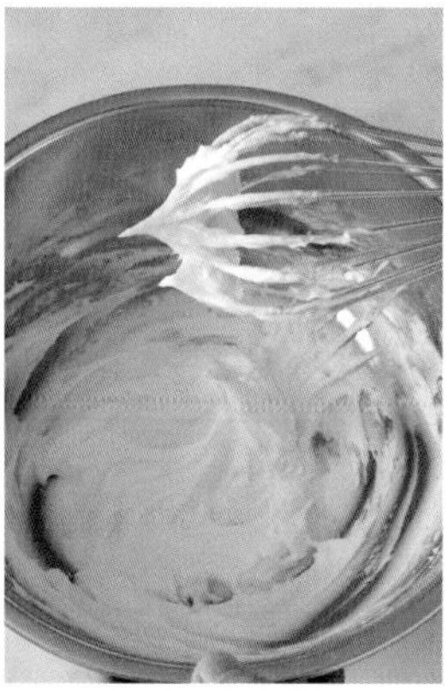

3

卵黄を加え、均一に混ぜる。

＊加える水分はこれだけです。卵黄が小さいと生地がまとまりません。足りない分は卵白を足して20gにします。

4

薄力粉の⅓量をふるい入れ、泡立て器で見えなくなるまで混ぜる。ここで泡立て器をはずす。

*泡立て器についた生地はきれいに取ります。

5

残りの粉を加えてへらに持ち替え、粉が見えなくなるまで混ぜる。ボウルの内側についた粉もすべて落とす。

6

へらをはずし、さらに指先でまとめ、最後はまとまった生地をボウルの中で転がしてボウルをきれいにし、完全に一つにまとめる。

*このとき、全体がしっとりまとまっていないと、のばしたり、型抜きしたり、タルト型に敷くときなどに、ばらついたり、具合が悪くなります。

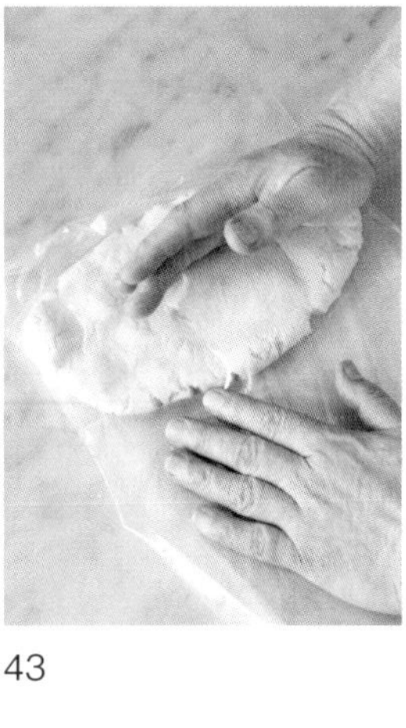

7

ポリ袋に入れ、軽く平らになるよう押さえ、冷蔵庫で一晩休ませる。

*水分の少ない生地ですが、休ませることで小麦粉が水分を吸います。焼き上がりの粉っぽいのはよくありません。少なくとも2〜3時間は休ませましょう。

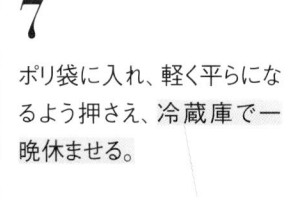

成形と焼成をする

パートシュクレは半量ずつのばすと扱いやすいです。

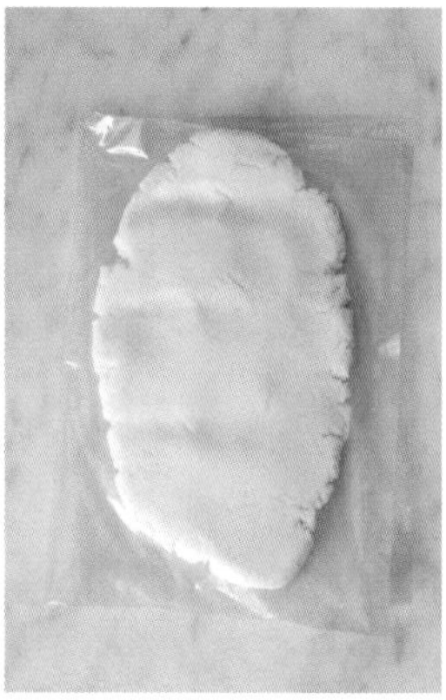

1

冷蔵庫から生地を出し、ポリ袋のまま扱いやすくなるまでおく。

＊暑い時期はすぐにやわらかくなりすぎるので注意します。様子を見ながら作業をし、必要なら冷蔵庫で冷やします。

2

一度に全量は扱いにくいので半量を取り出し、ポリ袋を切り開いたシートではさみ、上からめん棒で体重をかけるようにつぶして平らにする。

3

少し広がって生地が平らにつながったら、シートの四方を下に折り込み、めん棒を転がして、4〜5mmの厚さに均一にのばす。

＊シートの包み方によって厚みやサイズが調節でき、平らにのばすことやしっかり角を作ることができます。

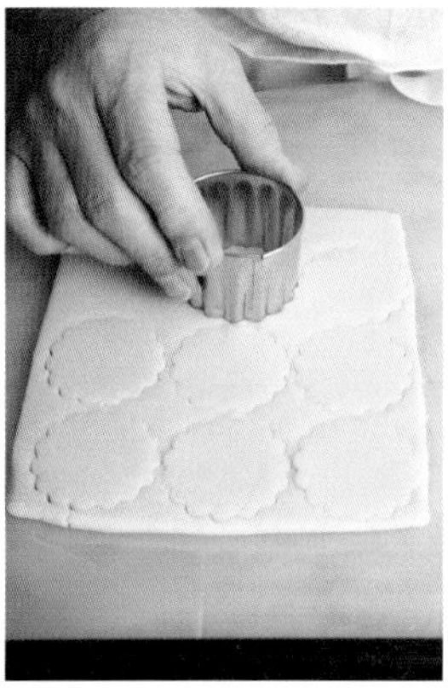

4

上面のシートを開いてはずし、好みの抜き型で端から無駄がないように抜く。

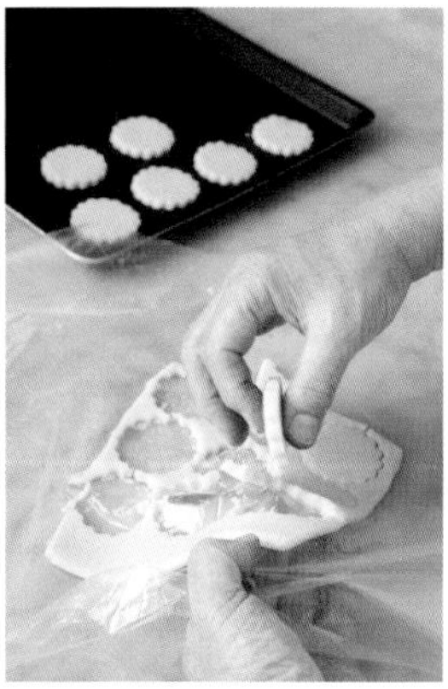

5

シートの下から指で持ち上げて生地をはずし、天板に並べる。

＊抜いた生地を上から指で持ち上げてはずそうとすると、生地がこわれます。

残った生地はまとめて再び同様にのばし、抜いていく。

＊やわらかくなり扱いにくくなったら冷蔵庫で冷やします。

6

竹串の先を少しだけ切り落とし、これを天板に当たるまで刺し、空気穴をあける。中温のオーブンで焼き色を見ながら15〜20分焼く。

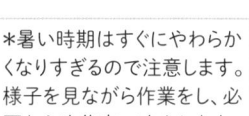

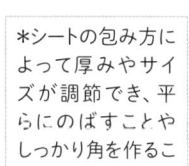

ココア入りサブレ

材料（ココア入りパートシュクレ・6㎝菱形約40枚分）
バター…100g
塩…ひとつまみ
粉砂糖…90g
卵黄…大1個分
┌薄力粉…170g
└ココアパウダー…30g

準備
・バターをやわらかくする（p.42参照）。
・ココアパウダーは茶こしを通して薄力粉と混ぜ、泡立て器でよく混ぜてから、ふるいを通す。
・卵黄を20g用意する。足りなければ卵白を足す。

1
p.42～43の1～7の作り方を参照し、薄力粉をココア入り薄力粉に替えて、生地を作る。

2
p.44の1～4を参照して生地をのばし、型で抜き、中温のオーブンで15～20分を目安に焼成する。

焼き色がわかりにくいので、注意します。

ハートのサブレ

ハート型で抜き、グラスをかけました。グラスは英語でいうとアイシング。どちらも〝氷〟が語源です。必ず粉砂糖を使います。焼きたての熱いうちにぬると乾きやすいので、サブレをオーブンに入れる前に用意します。

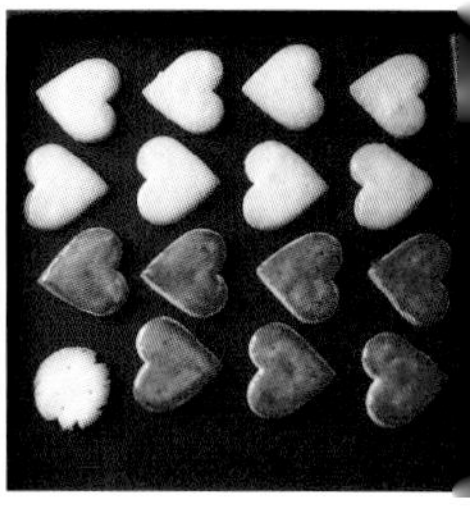

材料（作りやすい分量）
レモンのグラス
┌レモン汁…15g
└粉砂糖…約60g

＊レモンの皮のすりおろしを少々加えても結構です。

フランボワーズ（ラズベリー）のグラス
┌レモン汁…15g
│粉砂糖…約60g
└フランボワーズのフリーズドライパウダー…3g

1 レモンのグラス、フランボワーズのグラスの材料を、それぞれ小型の器に入れ、へらなどで練る。

＊ゆるすぎれば粉砂糖、かたすぎればレモン汁を加えて調節します。今回は薄づきにしたいので、ややゆるめにしました。

2 サブレをオーブンから出したところで、刷毛でぬる。冷めるまでおくとほぼ乾く。乾かなければしばらくおくか、中温のオーブンにごく短時間入れる。

アーモンド入りサブレ
Sablé aux amandes

この生地はパートシュクレよりやわらかいので、成形方法が異なります。冷蔵サブレ（アイスボックスクッキー）と呼ばれ、ポリシートなどで包んで棒状にして、冷蔵庫でよく冷やして作ります。より楽に作れるように箱にきっちりと詰めて成形しました。丸粒のアーモンドを加えたので、この方法が便利かと思います。箱はオーブンに入れるわけではないので紙、プラスチックなどでもかまいません。私は和菓子の空き箱を利用しました。例えば幅はちょうどいいけれど、深すぎたり、長すぎたりする場合は全体を使わずに途中まで詰めればよいのです。もちろんポリシートで巻いて固めても結構です。充分に冷やしてから厚みがそろうように切ります。

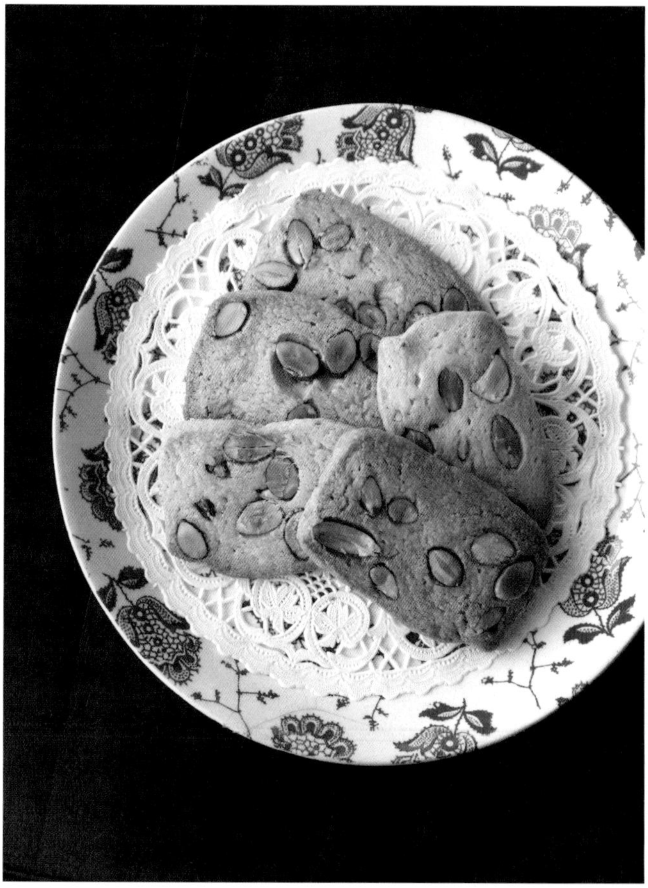

材料（作りやすい分量）
バター…100g
塩…ひとつまみ
粉砂糖…80g
卵黄…1個分
薄力粉…160g
アーモンド丸粒…100g

準備
・バターをやわらかくする（p.42参照）。
・アーモンドはオーブンでローストして冷ます。
・箱を用意する。

1 生地の仕込み方はp.42~43パートシュクレの1～5を参照し、粉がほぼ見えなくなったところで、アーモンドを加える。
2 へらで混ぜ、一つにまとまったら（a）ポリシートに取り出し、中の空気を抜きながら箱に合わせて形作る。
3 シートをつけたまま箱に入れ、上面にシートをかぶせ、上から押して平らにし（b）、冷蔵庫でしっかりと冷やし固める。
4 まな板に取り出してシートをはずす。よく切れる包丁で6～7mm厚さに切り（c）、天板に間を少しあけて並べ、常温に戻ってから中温のオーブンで20分を目安に焼き上げる。

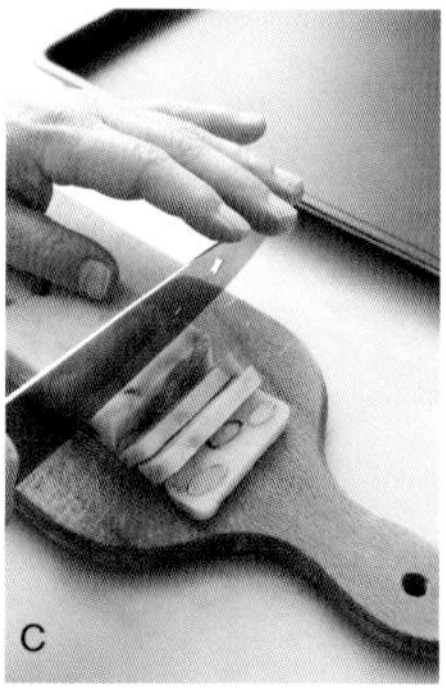
c

a

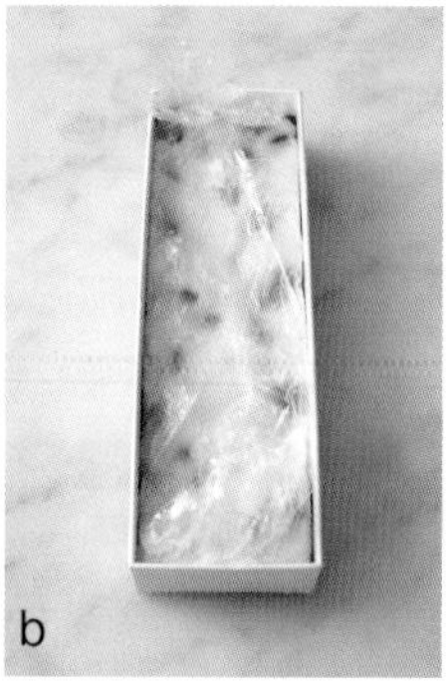
b

ガレット・ブルトンヌ

Galette bretonne

作り方 p.48

フランス・ブルターニュ地方のスペシャリテです。この地方は料理、菓子にも有塩バターを使う習慣があるので甘い中にも塩気がきいています。つや出し卵をぬり、斜め格子の筋をつけて濃いめに焼き上げます。食感はザクッとやや粗めと個性的なサブレです。タルトレット型で焼くような厚いものもありますが、ここではそのまま焼ける厚さにしました。ビターアーモンドエッセンスを加えるとより風味がよくなりますが、香りが強いので入れすぎないようにしてください。

ガレット・ブルトンヌ

材料(直径5cm約18枚分)

- 薄力粉…100g
- アーモンドパウダー…50g
- 砂糖…50g
- 塩…小さじ⅓

バター…80g

卵白…12g

ビターアーモンドエッセンス(好みで)…数滴

＊気温(室温)が高い場合は、材料を冷蔵庫で冷やしておく。

ぬり卵

- 卵黄…1個分
- 卵白…½個分
- 濃く溶いたインスタントコーヒー…少々

生地を作る

1

フードプロセッサーに薄力粉、アーモンドパウダー、砂糖、塩を入れて、ほんの一瞬回転させて合わせる。

2

次に2〜3cm角に切ったバターを加え、様子を見ながら、とぎれとぎれに回転させてパン粉のような状態にする。

3

卵白とビターアーモンドエッセンスを加え、再び、とぎれとぎれに回転させる。粉が見えなくなったら台に取り出し、手で押さえながら転がし、一つにまとめる。

4

パートシュクレのようにさっとつぶして平らにし、ポリ袋に入れて冷蔵庫で休ませる。

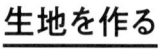

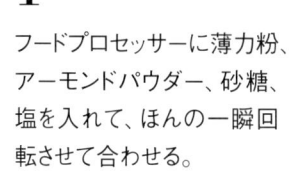

成形と焼成をする

5

ぬり卵を作る。卵をよく溶きほぐし、コーヒーを加え混ぜ、網を通す。

＊コーヒーは焼き色を濃くしたいときにとても効果的です。また、網を通すことで、ぬりやすくなります。

6

p.44のパートシュクレのサブレと同様に、ポリシートに包んでのばし、型で抜いて天板にのせる。

＊この生地は温まるとすぐにやわらかくなるので、冷蔵庫で冷やしながら扱います。

7

ぬり卵をぬる。半乾きになったら、もう一度ぬる。

8

フォークなどで筋をつける。フォークはねかせぎみにして引く。1回目と同じ動きができるように天板を回して、斜め格子の模様をつける。まぎれるように筋の上に竹串で空気穴をあけ、中温のオーブンで20分を目安に焼き上げる。

アーモンドチュイル

Tuile aux amandes

〝チュイル〟はフランス語で〝かわら〟のことですから〝フランス風かわらせんべい〟です。昔、といっても私が知っている昔ですから、それほど古い時代ではありませんが、フランスのレストランでデザートの後に、コーヒーと一緒に必ずといってよいほど、このチュイルが出てきました。生地作りは混ぜるだけ、形作りもフォークで広げるだけと、とても家庭的なお菓子です。焼き上がりを曲げるのは面倒という方は、はずして平らなところに置いても結構です。アイスクリームに添えるとまた最高です。

材料（直径6cm 約17枚分）

- 砂糖…60g
- 薄力粉…10g

スライスアーモンド…70g
卵白…35g
溶かしバター（p.12、p.14参照）…30g
バニラビーンズ…3〜4cm

1 ボウルに砂糖を入れ、薄力粉を加えてよく混ぜる。次にアーモンド、続いて卵白を加え混ぜる。

2 溶かしバター、バニラも加えて均一になるように混ぜる(a)。ラップフィルムをかけ、しばらく休ませる。

> *すぐに焼いても問題はありませんが、一晩くらいおくと砂糖が溶けて全体がよくなじみ、よりつやよく焼き上がります。暑い時期なら冷蔵庫に入れます。

3 生地を均一に混ぜ、充分に間隔をあけて天板にスプーンで置く。

> *フッ素樹脂加工の天板ならそのままで。ここで使用している天板は使い込んでいるので薄くバターをぬっています。手持ちの天板が心配ならオーブンシートを敷きます。
> *ここでは生地のボウルをはかりにのせ、12gずつすくっています(b)。

4 フォークを水でぬらして生地を平らにし、大きさをそろえて円形に広げる(c)。

5 中温のオーブンに入れ、薄いので焼き色で判断して焼く。縁ばかり焦げるようなら、少し温度を下げる。中央まで焼き色がつくよう、香ばしく焼き上げる。

6 熱いうちに薄いへらやパレットナイフで天板からはずし、チュイル用型、トイ型などに裏返しに入れ(d)、カーブをつける。または、布巾にめん棒をのせて安定させ、その上にのせる(e)。とても湿気やすいので冷めたら缶などに入れる。

> *もちろん、曲げずにそのままでもよいです。天板のまま冷ますと、はずれなくなります。

e

この場合、表面が上に向く。

c

a

d

b

Chapitre

4

パートシュクレとパートブリゼで

タルトとタルトレット

Tartes et tartelettes

アーモンドクリームのタルト（アマンディーヌ）はフランスのタルト、タルトレットの代表と私は思っています。底生地はパートシュクレでもパートブリゼでもフイユタージュでも。中身のアーモンドクリームはバター、砂糖、卵、アーモンドパウダーの四つ、作り方も混ぜていくだけ。そして、焼きたてでも、日がたってなじんできても、とてもおいしく、すばらしいお菓子です。

　パートシュクレは3章でも取り上げていますが、応用範囲が広い生地です。パートブリゼはp.57のメイズ・オブ・オナーという英国由来のタルトの底生地に使いました。〝ブリゼ〟はフランス語で〝砕けた〟という意味です。もろく、サクッとした食感を表しています。またパートシュクレと異なり、甘みがないので、キッシュのような塩味のタルトにも使える、こちらも用途の広い生地です。

アーモンドクリームのタルト
Tarte amandine
作り方p.54

アーモンドクリームのタルトを作ります

材料（直径20㎝のタルト型1台分）
パートシュクレ（p.42参照）…250g
あんずジャム（p.120参照）…30〜40g
アーモンドクリーム（p.55参照）…約400g
仕上げ用
あんずジャム（p.120参照）…適量
スライスアーモンド…適量

準備
・型の準備をする（p.126参照）。
・スライスアーモンドをローストする。

生地を敷き込む

1

ポリ袋を切り開いてシート状にし、中央にパートシュクレを置いて包み、まず、めん棒でつぶす。次に、めん棒を転がして四方にのばしていく。円形になるように周囲を寄せる。

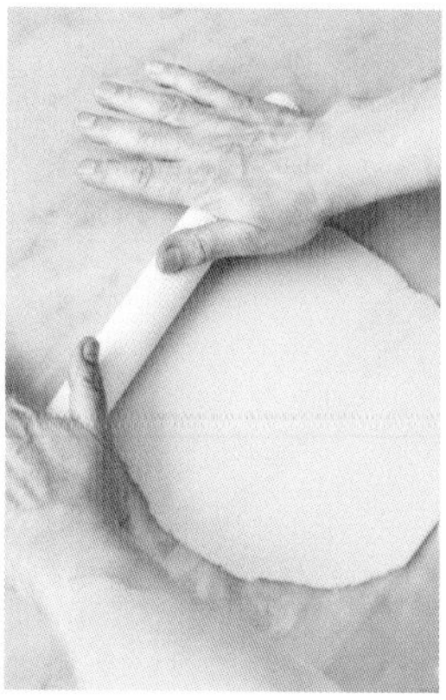

2

ポリシートの上からめん棒を転がし、丸い形に広げる。

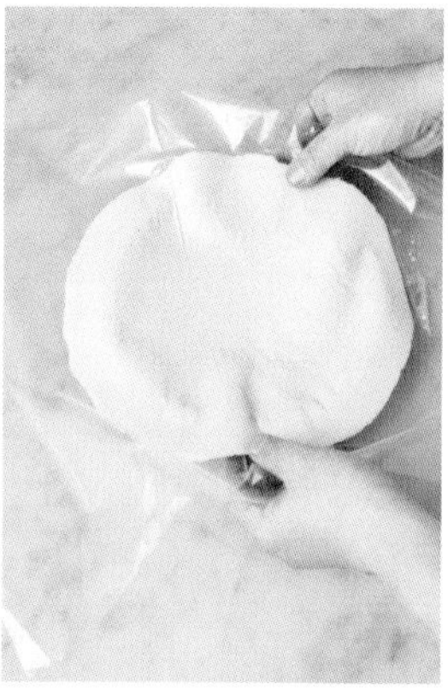

3

タルト型を当てて周囲が3㎝ほど大きくなるようにのばす。

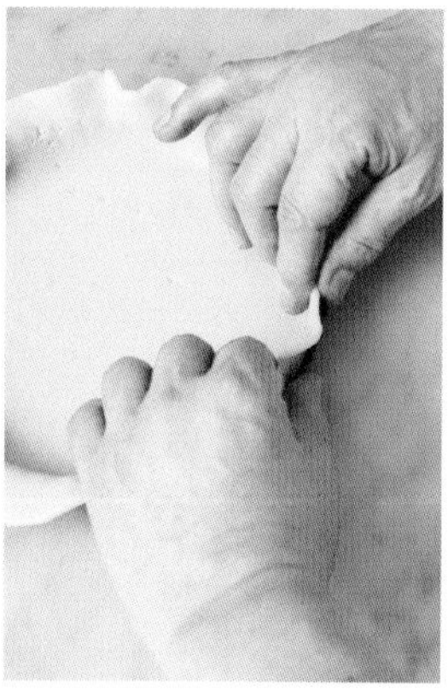

4

生地の上側のシートをはずし、用意した型にかぶせ、シートをまわりからそっとはずす。周囲にはみ出した生地を寄せながら、型の中に落としていく。さらに、型から出ている分を少し下に押し込み、立ち上がりの部分（側面）を底よりやや厚くする。

5

縁から出た生地は、ナイフで型の縁をすりながら内側から外側へと動かし、切り取る。

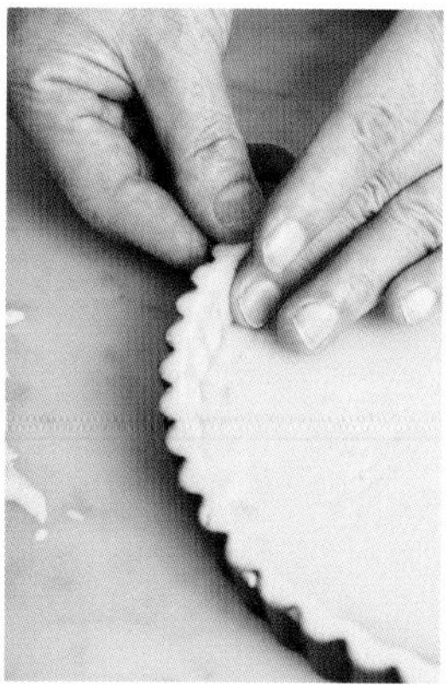

6

切り口のささくれは内側と上部を指で押さえながら、整えていく。

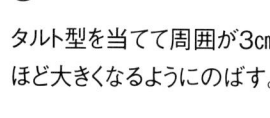

7

底はフォークでピケをする。

＊冷蔵庫で20〜30分以上休ませます。すぐに作らないときは冷凍保存します。

アーモンドクリームを作る

基本の分量はバター、粉砂糖、卵、アーモンドパウダーそれぞれ50gの同割で、でき上がりは200gです。直径20㎝のアマンディーヌにはその2倍量が必要なので、100gの4同割で作ります。冷蔵庫で数日保存できますので、あらかじめ作っておいても結構です。

材料（でき上がり400g分）
バター…100g
粉砂糖…100g
卵…100g
アーモンドパウダー…100g

＊バニラ、レモンの皮のすりおろし、レモン汁、ビターアーモンドエッセンスなど好みで加えます。

準備
・バターをやわらかくする（p.32参照）。

8

やわらかくしたバターをボウルに入れ、粉砂糖を3回に分けて加え、その都度、充分にクリーミングする。次によくほぐした卵とアーモンドパウダーを交互に3回に分けて加え混ぜる。

＊卵を一度に加えるとバターと分離することがあるので、水分を吸ってくれるアーモンドパウダーと交互に加えます。

9

好みでレモンの皮、レモン汁などを加え混ぜる。ビターアーモンドエッセンスを少々加えてもよい。

＊アーモンドエッセンスは香りの強いものもあるので気をつけます。私は2〜3滴、お菓子を食べたときにほんのり香る程度にしています。

ヘーゼルナッツクリームを作るときは、アーモンドパウダーの代わりにヘーゼルナッツパウダーを入れるだけ。まったく同じ工程です。

タルトに仕立てて焼く

10

p.54のタルトを半焼きにする。そのまま中温のオーブンに入れて、縁はもちろん、底も少し色づくくらいに15分を目安に焼く。

＊パートシュクレはほとんど焼き縮みしないので、重しなしで半焼きができます。

11

あんずジャムを底にぬる。

＊アーモンドクリームが溶けてしまうので、手慣れていないうちは、ここでタルトが冷めるまで待ちます。

12

アーモンドクリームを縁のぎりぎりまで詰めて、中温のオーブンに入れて25分を目安に焼く。

13

中央部までふくらめば焼き上がりの目安。タルトの底よりも小さめの高さのある器にのせると、外枠がはずれる。底板はつけたまま、網台に移して、底板は冷めてからはずす。

14

温めたあんずジャムを表面にぬる。

＊電子レンジで軽く温めるとぬりやすくなります。

15

ローストしたスライスアーモンドを散らす。

メイズ・オブ・オナー

Maids of honour

作り方p.58

「おいしいチーズケーキ見つけたわ」と英国旅行から戻った師が、試作を重ねて作ったのが〝メイズ・オブ・オナー〟というこのお菓子です。特徴はカード（凝乳）を使いアーモンドが入っているとのこと。師はカードをクリームチーズに代え、バターも加え、少々濃厚なタルトに仕上げました。私の教室ではp.66のチーズケーキとともに長く作っています。後年、調べたところ、オリジナルをうたっている店もあれば、カードも入っていないもの……と、さまざまなレシピがあるようです。

もう一つ、このお菓子には16世紀のイングランド王、ヘンリー8世と二番目の妃アン・ブーリンとの出会いのきっかけになったといういわれがあります。彼女は夫であるヘンリー8世に処刑されてしまい、悲劇の王妃といわれています。また、二人の間の娘はイングランドとアイルランドを統治したエリザベス1世です。めでたいお菓子なのか悲しいお菓子なのか……。底生地はパートブリゼで作りましたがパートシュクレでも結構です。

パートブリゼを仕込みます

この分量で直径20cmのタルト型2台分がとれます。この生地は冷蔵庫においても数日でかびが出ることもあるので、早めに使います。型に敷き込み、密閉袋や密閉容器に入れて冷凍しておくと便利です。

材料（でき上がり約460g分）

- 薄力粉（ふるう）…250g
- 塩…小さじ½
- 粉砂糖…大さじ1

バター…150g
卵…1個（60g。足りなければ水を足す）
打ち粉用強力粉…適宜

準備

・薄力粉、バター、卵を冷蔵庫で冷やしておく。

生地を作る

1

フードプロセッサーに薄力粉、塩、粉砂糖を入れ、一瞬回転させる。次に刻んだバターを加える。

2

様子を見ながらとぎれとぎれに回転させ、パン粉のような状態にする。

3

続いて溶き卵を加え、2と同様にとぎれとぎれに回転させ、一つにまとめる。

＊決してスイッチを押したまま長く回転させません。故障の原因になります。

4

生地が一つになったら台に取り出し、むらのないように合わせる。

5

ここではタルトに敷き込むため、生地を2等分にし、それぞれ直径15㎝くらいの円形にしてラップフィルムで包み、扱いやすくなるまで冷蔵庫で休ませる。

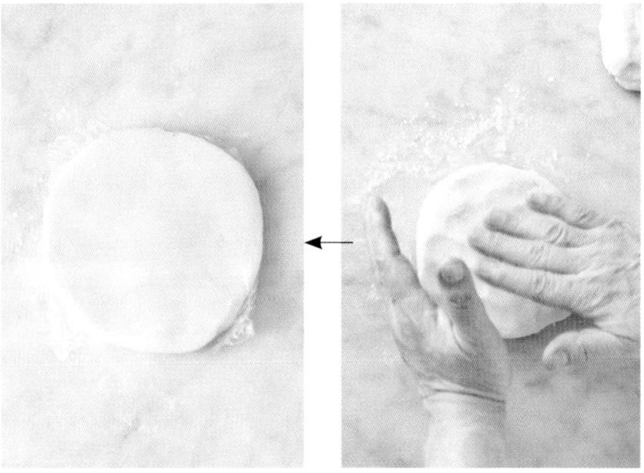

生地を敷き込む

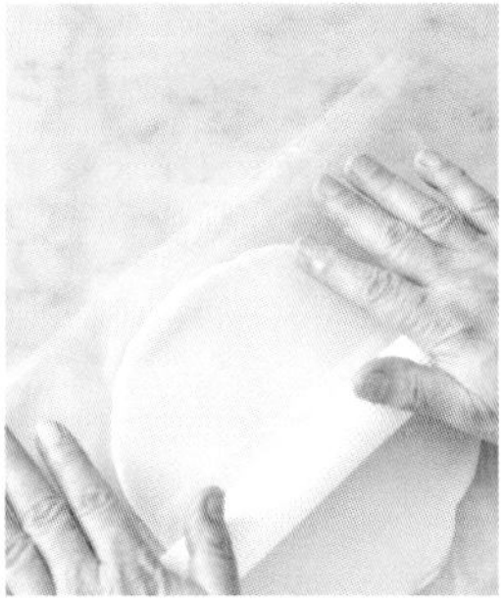

6

生地からラップフィルムをはずし、切り開いてシート状にしたポリ袋ではさみ、めん棒でのばしていく。

7

厚さ3㎜、直径26㎝くらいの円形になるようにのばす。準備した型を当ててサイズを確認する。

8

ポリシートにのせたまま生地を返してタルト型にかぶせ、そっとシートをはずす

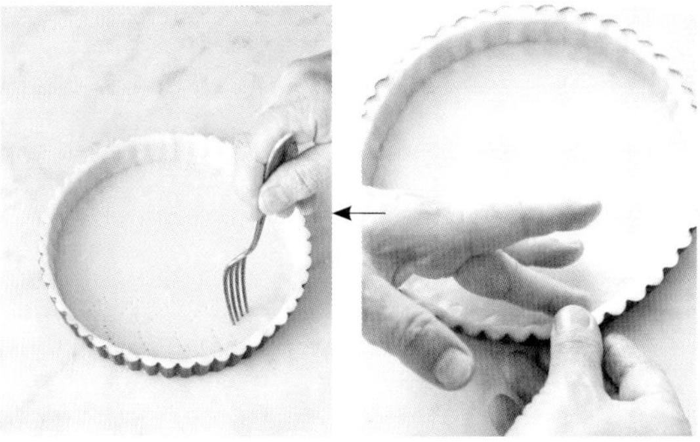

9

p.54を参照してパートブリゼを型に敷き込み、冷蔵庫で2～3時間休ませる。

*この生地はパートシュクレと違って小麦粉のグルテンの粘りが出て縮みやすいため休ませます。

1 ボウルにやわらかくしたクリームチーズを入れて泡立て器でクリーム状に練り、レモンの皮、レモン汁を加える。

2 やわらかく練ったバターに1のクリームチーズを少量加え、均一に練り合わせる。

3 練り合わせたものを1のクリームチーズのボウルに戻し入れ、泡立て器で均一に混ぜる。

半焼きにする

パートブリゼの焼き縮みを防ぐために、表面にアルミ箔を密着させて覆う。〝くっつかないアルミ箔〟ならそのまま。普通のアルミ箔ならバターをぬってから覆い、低めの高温で約15分半焼きにする。アルミ箔をはずし、ジャムをぬる。

メイズ・オブ・オナー 詰め物を作り、流し込んで焼きます

材料（直径20㎝のタルト型1台分）
パートブリゼ…230g
あんずジャム（p.120参照）…30～40g
詰め物
- クリームチーズ…200g
- レモンの皮のすりおろし…適量
- レモン汁…大さじ1
- バター…50g
- 粉砂糖…50g
- 卵黄…2個分
- メレンゲ
  - 卵白…50g
  - 粉砂糖…大さじ1
- スライスアーモンド…60g

準備
・クリームチーズをしばらく室温においてやわらかくする。
・バターをクリーム状に練る。
・スライスアーモンドをローストする。

4

粉砂糖を2回に分けて加え、その都度混ぜる。

5

卵黄も加え、スライスアーモンドの半量を手で粗く砕いて加える。

6

別のボウルで卵白に粉砂糖を加えてメレンゲを作り、これを5のボウルに2回に分けて加え混ぜる。

7

半焼きにして底にあんずジャムをぬったタルトに6を流し入れて、表面をへらでさっと整える。

8

残りのアーモンドをふり、中温のオーブンで約25分焼く。焼き上がったら、5〜6cm高さから、まな板などに2〜3回落としてショックを与え、p.56を参照して型からはずす。

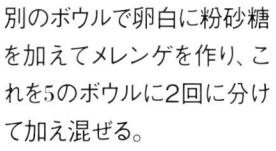

ヘーゼルナッツのタルトレット

Tartelette aux noisettes

ヘーゼルナッツもずいぶんポピュラーになり、丸粒だけでなく粉末も入手しやすくなりました。クリームはアーモンドクリームのアーモンドをヘーゼルナッツにかえるだけです。ヘーゼルナッツはアーモンドより少々個性が強いので、全量を使わずに、半量、あるいは⅔量にしてアーモンドと合わせてと、どんな割合でもおいしいお菓子になります。表面に丸粒の半割りをのせました。

材料（直径7.5cmのタルトレット型5個分）

パートシュクレ（p.42参照）…約150g（30g×5個分）

あんずジャム（p.120参照）…適量

ヘーゼルナッツクリーム

- バター…50g
- 粉砂糖…50g
- 卵…50g（中1個分）
- ヘーゼルナッツパウダー…60g
- バニラエクストラクト…数滴

ヘーゼルナッツ丸粒…適量

粉砂糖…適量

準備

・型の準備をする（p.126参照）。

1 p.44を参照してパートシュクレを4mmくらいの厚さにのばし、直径9cmの抜き型で抜く（a）。

2 生地をはずしてタルトレット型にかぶせ、竹串で2〜3か所穴をあける（b）。指で縁の生地を立てるようにし、生地を落としていく。型を台に強くトントンと打ちつけ、生地をさらに落とす。底と側面を指で押して生地を密着させる。

3 型からはみ出た生地は、ナイフで縁をすりながら切り落とす（c）。

4 底と側面との境界にも竹串でピケする（d）。

5 p.55を参照してヘーゼルナッツクリームを作り、丸口金をつけた絞り袋に入れ、タルトレットの八分目ほどまで絞り入れる（e）。

6 ヘーゼルナッツの丸粒を横二つに切って断面を上にして並べ、中温のオーブンで20分を目安に焼き上げる（f）。両手に軍手をはめてタルトレットを取り、逆さにして型から取り出す。

e

c

a

f

d

b

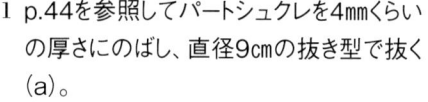

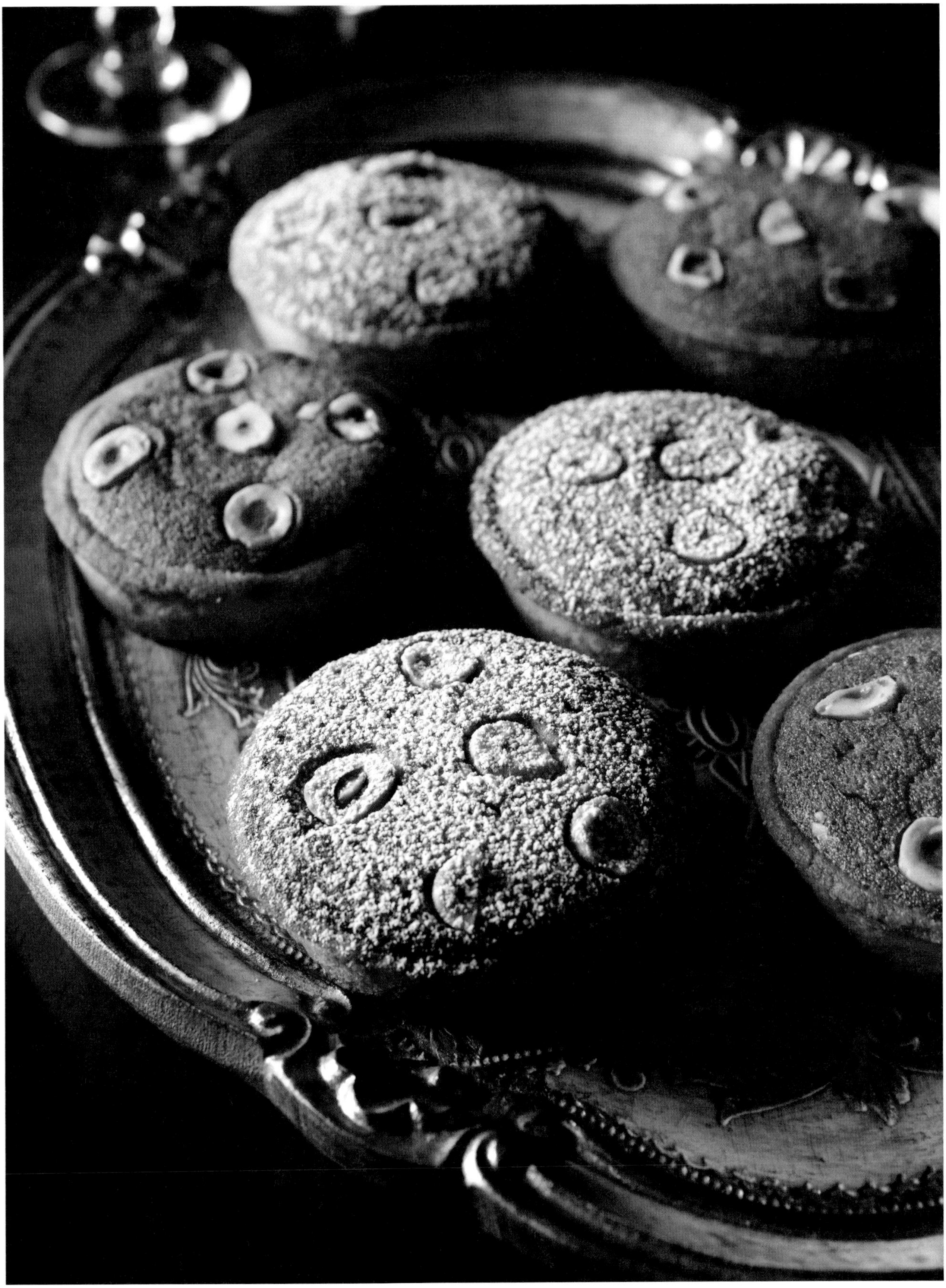

アマンディーヌ・オ・ショコラ

Amandine au chocolat

これもアーモンドクリームの応用です。p.55の配合にチョコレートを加えただけです。チョコレートがほろっとした食感を作るので濃厚でありながら軽いタルトレットに仕上がります。

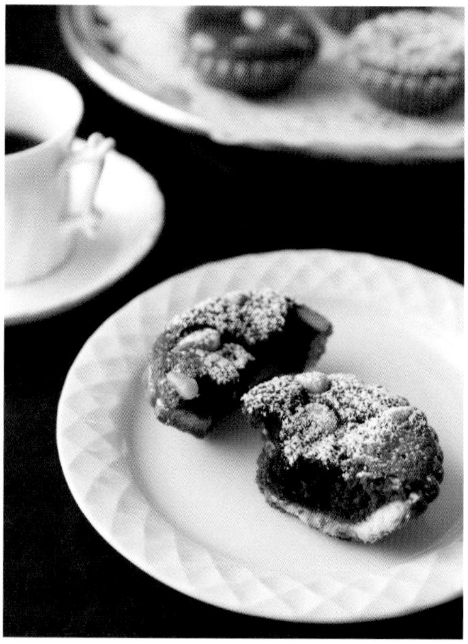

材料（直径6.5cmのタルトレット型約10個分）

パートシュクレ（p.42参照）…約220g
あんずジャム（p.120参照）…適量
チョコレート入りアーモンドクリーム
- バター…50g
- 粉砂糖…50g
- 卵…50g
- アーモンドパウダー…50g
- ダークスイートチョコレート…50g

松の実…適量

準備

・湯せんを用意する。
・型の準備をする（p.126参照）。

1 p.62を参照して、パートシュクレを直径7cmの菊型で抜き、タルトレット型に敷き込む。底にあんずジャムをぬる。

＊ここでは菊型を用いて生地を抜いたので、縁を切り落として整える必要はありません。

2 p.55を参照してアーモンドクリームを作る。

3 チョコレートを50〜60℃の湯せんにかけて溶かし、40℃くらいに冷ましてから、2のアーモンドクリームに一度に加え（a）、均一に混ぜる（b）。

4 丸口金をつけた絞り袋に3のクリームを入れ、1に絞り入れる（c）。松の実を散らし、中温のオーブンで15〜20分を目安に焼き上げる。

5 両手に軍手をはめてタルトレットを取り、逆さにして型から取り出す（d）。好みで粉砂糖をふる。

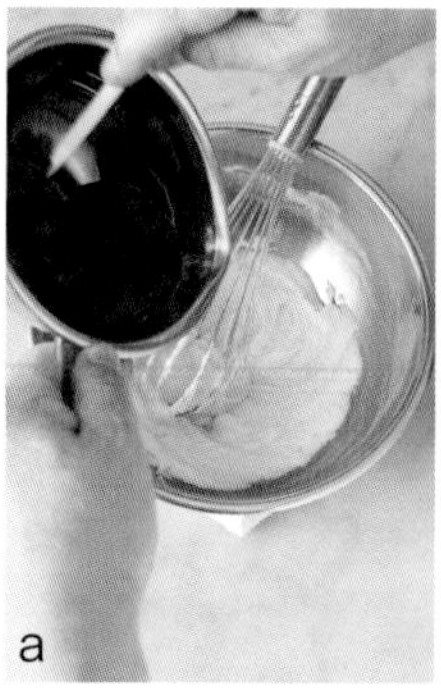
a

b

c

d

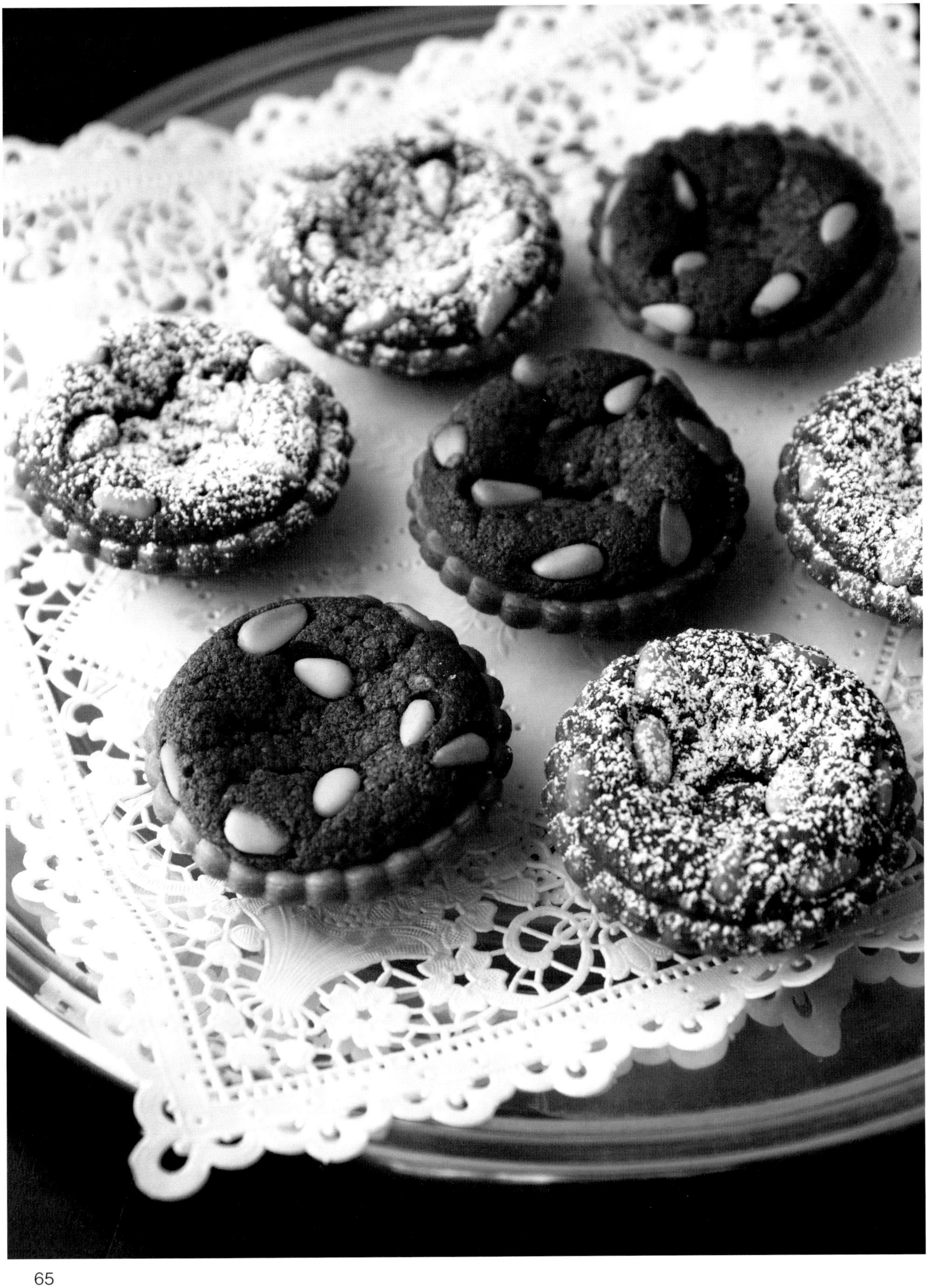

タルト・オ・フロマージュ

Tarte au fromage

このタルトは私の教室の最も古いレシピの一つです。50年前、私が助手として入門した頃、すでに〝宮川先生のチーズケーキ〟として婦人誌にたびたび紹介されていました。カスタードクリームとクリームチーズを合わせ、メレンゲを加えてふくらませる、まさに〝スフレ〟です。オーブンの中ではタルト型の縁からまっすぐに立ち上がります。もちろん、冷めれば平らになりますが、このふくらんだ名残が美しい姿として残ります。

材料（直径20㎝のタルト型1台分）

パートシュクレ（p.42参照）…約230g

あんずジャム（p.120参照）…30〜40g

詰め物

- クリームチーズ…200g
- カスタードクリーム
  - 牛乳…150g
  - 砂糖…40g
  - 薄力粉…20g
  - 卵黄…2個分
- パイナップル（缶詰）…1枚
- レモン汁…大さじ1〜2
- メレンゲ
  - 卵白…50g
  - 粉砂糖…大さじ1

準備

・クリームチーズを室温においてやわらかくする。

1 底生地を準備する。p.54〜56を参照してパートシュクレを型に敷き込んで、重しなしで、そのまま中温のオーブンに入れ、薄く色づく程度に焼き、底にあんずジャムをぬる。

2 やわらかくしたクリームチーズをボウルに入れ、泡立て器でなめらかにしておく。

3 p.72を参照してカスタードクリームを煮上げる。これを2のクリームチーズに5回くらいに分けて加え、その都度、均一になるように混ぜる（a）。

＊カスタードクリームは煮上がりの熱いうちが混ぜやすいので、他を準備しておきます。

4 みじん切りのパイナップル（b）、レモン汁を加える。

5 別のボウルでメレンゲを泡立て、これを2回に分けて4に加え混ぜ、用意したタルト型に流し入れ（c）、表面を平らに整える。

6 縁のタルトとクリームの境目に親指の先を入れ（d）、ひと回りする。中温のオーブンで焼き上げる（約25分）。

＊オーブンの中で底生地とクリームが離れて、まっすぐふくらみます（e）。

7 焼き上がったらまな板などに5〜6㎝高さから2〜3回、落としてショックを与える（f）。p.56を参照して型からはずす。

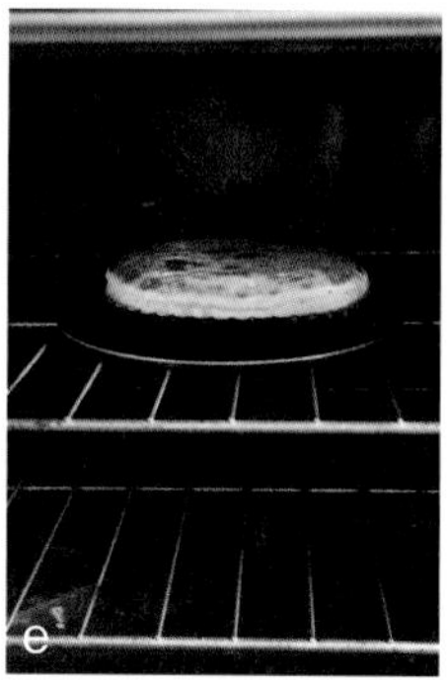
e

c

a

f

d

b

Chapitre

5

シュー生地で作る

シュークリームとエクレア

Chou à la crème et éclair

生地作りのところで小麦粉を煮るという、とてもユニークなお菓子です。水とバターを沸かし、小麦粉を入れて加熱します。小麦粉のでんぷんが糊化し、グルテンの粘りもでき、さらに卵を加えることで、粘りのあるベタベタの生地になります。オーブンに入れてしばらくすると、生地の中で水分が水蒸気に変わり、粘りのある生地にその水蒸気が閉じ込められ、風船のように大きな空洞を作り、ふくらむのです。そしてふくらんだまま、しっかり焼き上げます。

ときどき「ふくらんだけれど途中でしぼんでしまった」などと耳にします。シュー生地は砂糖がとても少なく焦げにくいものです。ふくらんだところで温度を下げたりすると失敗するのかもしれません。フランス風にしっかり焼き色をつけるようにすると、失敗はなくなります。もう有名なことですが、フランス人はその形から、キャベツ（シュー）と名づけました。英語ではふわっとふくれているのでパフ、ドイツ語ではヴィントボイテル、風船と呼ばれます。

〝キャベツ〟の後は、〝稲妻〟です。なんとも勇ましい名前ですが、エクレアは小ぶりに作るととてもエレガントなお菓子です。名の由来は諸説ありますが、表面の亀裂が稲妻のようだからと私は思っております。シューと違って食べやすい形なので、日本ではしませんが、旅行中、お菓子を食べたくなるとこのエクレアを一つ買い、歩きながら食べます。手も口のまわりも汚れにくく、そんなことからも大好きなお菓子です。

シュークリーム
Chou à la crème
作り方p.70

シュークリームを作ります

シュー生地の材料（20～24個分）

- バター…60g
- 水…80g
- 塩…ひとつまみ
- 砂糖…小さじ½

薄力粉…70g
卵…2½ ～3個

*いわゆる行平鍋は卵を加えるときに生地が外に飛び出しやすく、使いにくいものです。

道具の準備

・理想的なのは直径14cm深さ9cmの片手鍋
・粉のすべりのよい容器
・絞り袋と直径10mmの丸口金
・薄手のシリコン製へら
・天板

*薄力粉は一度に加えたいので、鍋より小さい器に入れます。

*とても大事な道具です。ここではシリコン製のパッドを敷いていますが、そうでなければ天板にバターを薄くぬります。天板の表面が荒れていればアルミ箔を敷き、やはりバターを薄くぬります。バターが多すぎると生地がすべってしまい、上下がわからない、ふくらみの小さいシューになってしまいます。

生地を作る

1

バターは細かく切って鍋に入れ、分量の水、塩、砂糖を加えて弱火にかける。

2

バターが溶けたら火を強くし、吹き上がってきたところで、一度に粉を加え、手早くへらで混ぜ、粉を入れてから3秒で火から下ろす。

*この段階では粉は混ざりきっていません。

3

火から下ろした後も、粉が見えなくなり、生地が一つになって、鍋肌からくるんと離れるまで混ぜる。

*これ以上練ると生地からバターが分離してしまい、ふくらまない原因になります。これ以後、卵を加えるところも同じ。必要以上に混ぜません。

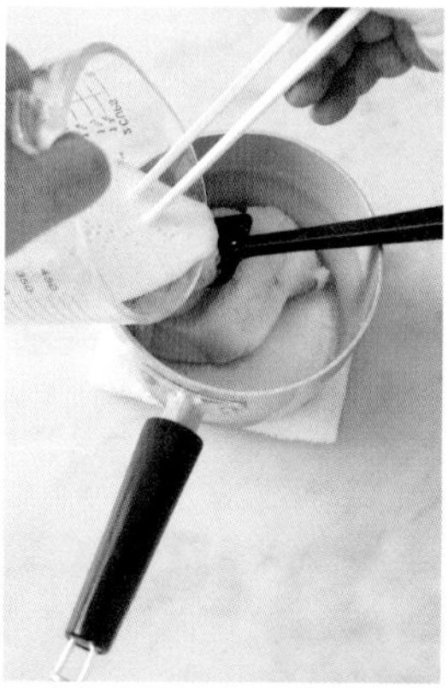

4

次によくほぐした卵を少し加え、へらで切るように混ぜる。卵が見えなくなったら、次を加える。

*はじめのうちは生地がしまってきますが、途中からやわらかくなります。

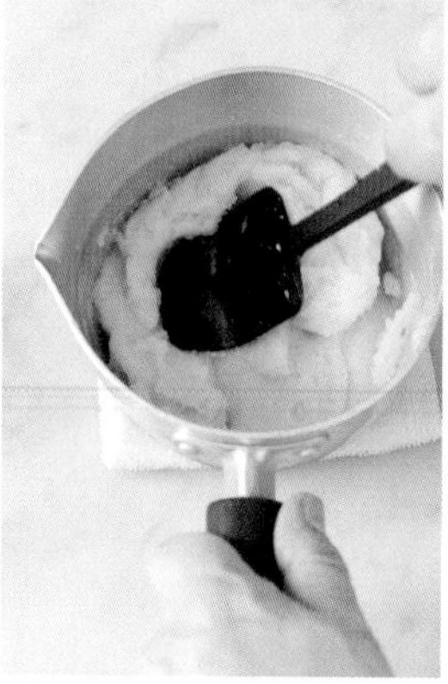

5

やわらかくなりはじめたら、へらは練るように動かす。2個分が入った頃から、やわらかくしすぎないように気をつける。

6

かたさの目安として、まずへらの両面を鍋の縁でぬぐい、片面に生地をたっぷりとすくい、持ち上げて起こす。3秒くらいでひとかたまりがバサッと落ちるくらいが理想。3秒たっても落ちなければ、もう少し卵を足す。持ち上げたときにスルスルと落ちるようなら、やわらかすぎ、粉を足すわけにはいかないのでそのまま使い、次回は注意する。

絞り出して焼き、クリームを詰める

7

生地を絞り袋に入れ、用意した天板に間をあけて、直径3.5〜4㎝くらいに絞る。ぐるぐると回して絞らずに、口金の先は天板から少し浮かし、動かさず目的の大きさになるまで絞り出し、絞り終わりは力を抜いて、ゆっくり口金を回すよう横に動かすと生地が切れる。

8

水でぬらした指先で形を整え、霧を吹いて高めの中温のオーブンに入れる。

*しばらくは変化がありません。7〜8分たつとふくらみはじめます。ここでもオーブンを開ける必要はありません。どうしても見たければ一瞬だけにしてすぐ閉めます。とにかくシュー皮がしっかり固まって、いい焼き色になるまで待ちます。私のオーブンでは30分くらいかかります。

9

焼き上がったら網台にとる。シュー皮をふた3:身7の割合で切り離す。

10

攪拌してなめらかにしたカスタードクリーム(p.72参照)を星形の口金をつけた絞り袋に入れ、ふたをしても、たっぷりと形よく見えるように絞り入れ、ふたをする。仕上げの粉砂糖(分量外)をふる。

カスタードクリームを作る

材料（作りやすい分量）

- 牛乳…400g
- バニラビーンズ…⅓〜½本
- 砂糖…100g
- 薄力粉…50g
- 卵黄…6個分
- バター…30g
- リキュール…大さじ1

準備

・卵黄はくずさずに水でぬらした器に入れておく。
・バニラビーンズはナイフで裂いて中の種をこそげ出し、さやとともに牛乳に入れる。

1

バニラを入れた牛乳を弱火で沸かし、粗熱を取る。

2

ボウルに砂糖と薄力粉を入れ、よく混ぜる。ここに1の牛乳を入れ、泡立て器でよく混ぜる。

3

クリームを煮るボウルに受けながら、網でこす。

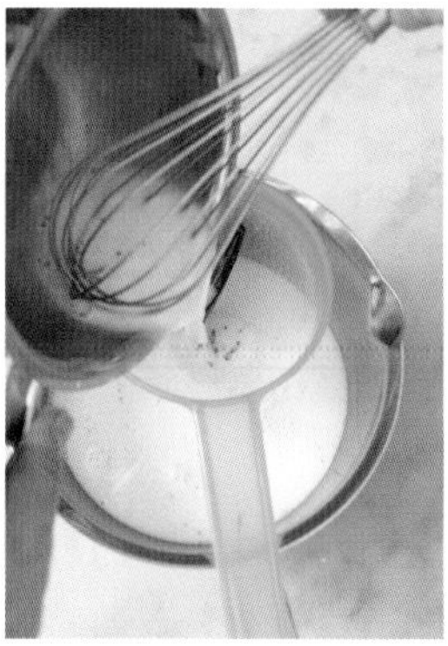

4

ボウルを中火にかけ、泡立て器で絶えず混ぜながら、底が焦げつかないように煮る。つやが出て、粉っぽさがなくなるまで（フツフツと煮立ってから3分くらい）煮る。

5

火からはずし、卵黄を一度に加えて、手早く混ぜる。

6

火に戻して卵黄に火が通るほど（50秒くらい）煮て、火から下ろし、バター、好みのリキュールを加え混ぜる。ラップフィルムをかけて冷ます。

*使う前に泡立て器で均一なクリーム状になるようによく混ぜます。

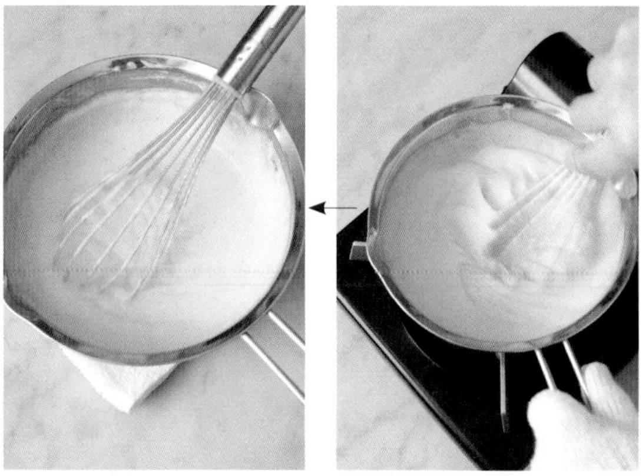

チョコレートエクレア
Éclair au chocolat
作り方 p.75

キャラメルがけエクレア
Éclair au caramel
作り方 p.74

エクレア
Éclair

ここでは2種を紹介します。一つはキャラメルがけ。表面にべったりとつけてもよいのですが、火傷の心配と味のバランスを考えて、線描きにしました。もう一つはおなじみのチョコレートがけ。生地にココアを加えるだけ。薄力粉にココアを加えました。普通のシュー生地と同様に作ります。表面には少々面倒ですが、温度調節をしたクーヴェルチュールチョコレートをつけました。手軽に作りたい方は、市販のパータグラッセをお使いください。指定の温度に溶かすだけで使えます。

キャラメルがけエクレア

材料（長さ10㎝約18個分）
シュー生地（p.70参照）…全量
カスタードクリーム（p.72参照）…全量
キャラメル
- 砂糖…150g
- 水…50g
- バター…10g

エクレアを作ります

生地を焼き、クリームを詰める

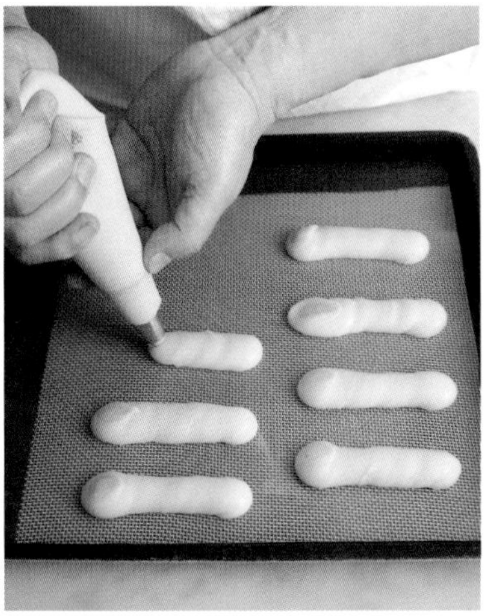

1 絞り袋に直径10㎜の丸形の口金をつけ、シュー生地を入れ、少し斜めに持ち、ゆっくり動かしながら、天板にやや幅広に長さ8㎝くらいに絞る。
2 水でぬらした指先でややつぶしぎみに形を整え、霧を吹いて、シュークリームと同じように焼き上げる。
3 側面2か所に直径5〜6㎜の丸口金で穴をあけ、カスタードクリームを絞り入れる。

キャラメルを煮て、線描きする

1

キャラメルを煮る。小型の片手鍋（シュー生地のときと同じ）に砂糖と分量の水を入れ、中火にかける。へらで混ぜずにときどき鍋を回しながら砂糖を溶かし、キャラメルにしていく。

*へらで混ぜると溶けた砂糖が再び結晶化することがあります。また、希望の焦がし具合のキャラメルにするために、ときどき火からはずし、余熱で焦がします。火にかけっぱなしだと、あっという間に焦げすぎになります。

2

頃合いを見てバターを加え、鍋を回して均一にし、鍋底に水を当てて温度の上昇を止める。

3

細めのシリコンのへらで混ぜて均一にし、かたさをみる。かたすぎれば火にかけ、へらで混ぜてゆるめる。

4

へらをキャラメルにつけ、網台にのせたエクレアに線状に垂らす。キャラメルがかたくなり、扱いにくくなれば弱火にかけ、温める。残ったキャラメルは、オーブンシートなどに流し、バター入りキャラメルとする。

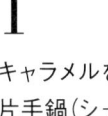

クリームを詰め、チョコレートをつける

1

エクレアの上面2か所に丸口金（直径5mmくらい）で穴をあけ、クリームを詰める。

＊上面に穴をあけるのは、チョコレートをつけるのでふさがるためです。底にあけると皿につくので私は避けています。

2

クーヴェルチュールチョコレートを小型のボウルに入れ、60℃くらいの湯せんにかけて溶かす。クーヴェルチュールは40～50℃になる。溶かしたのち、鍋は火にかけて熱湯にする。ボウルの底を水に当て、へらで底をすりながら、ボウルの底にクーヴェルチュールの薄い膜ができ、ステンレスが見えなくなるまで温度を下げる。すかさずボウルの底を一瞬熱湯に当てて均一に混ぜる。

＊手は離しません。本当に一瞬です。足りなければもう一度、一瞬当てます。

3

エクレアの表面を2のボウルに浸して、クーヴェルチュールをつけ、固まらないうちにあられ糖をつける。

＊市販のパータグラッセを使う場合は、袋の表示どおりの温度で溶かしてお使いください。

チョコレートエクレア

材料（長さ10cm約18個分）

ココア入りシュー生地

- バター…60g
- 水…80g
- 塩……ひとつまみ
- 砂糖……小さじ½
- 薄力粉…70g
- ココアパウダー…10g
  ＊合わせてふるっておきます。
- 卵…2½～3個

チョコレート入りカスタードクリーム

- 牛乳…300g
- バニラビーンズ…⅓本
- 砂糖…75g
- 薄力粉…35g
- 卵黄…4個分
- クーヴェルチュールチョコレート…50g
- リキュール…大さじ1

仕上げ用

- クーヴェルチュールチョコレート…約200g
- あられ糖…適量

ココア入りシュー生地を作り、焼く

p.70～74を参照してココア入りエクレアを作る。生地の作り方2で加える薄力粉を、ココアパウダーと合わせた薄力粉に替える。

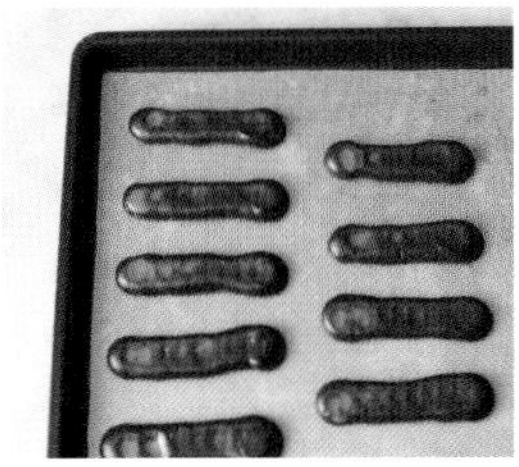

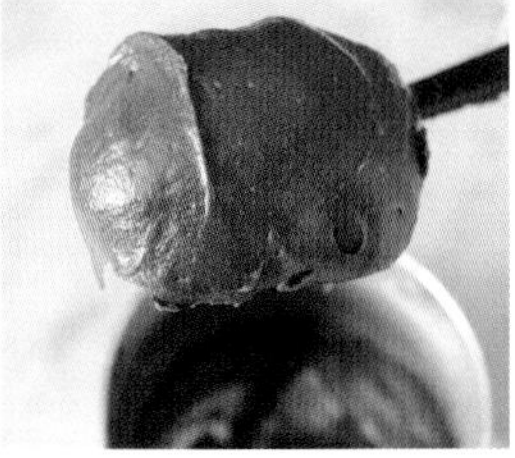

チョコレート入りカスタードクリームを作る

p.72を参照する。カスタードクリームの煮上がりに、チョコレート、リキュールを加え、泡立て器で均一にする。

Chapitre

6

小麦粉、砂糖、卵、牛乳のゆるい生地で

クレープと仲間のお菓子

Crêpes et compagnie

この章ではクレープとその仲間を紹介します。おのおの配合のバランスは異なりますが、砂糖、小麦粉、卵、牛乳（生クリーム）を合わせたゆるい液体の生地です。混ぜるだけの簡単な生地ですが、だまがないように作ります。大量の液体に粉を入れるとだまになりやすいので、まず、小麦粉、砂糖、塩を合わせ、ここに適量の水分を加えます。濃いめでだまのない状態にしてから残りの水分を加え、溶きのばしていきます。これらの生地は小麦粉の粘りなどの心配は無用です。むしろ、粘りを出したい生地なのです。特に、カヌレ、クレープは、できれば一晩おいて充分につながった、のびのよい生地にしたいのです。

クレープは小麦のとれないフランス・ブルターニュ地方で、パンの代わりにそば粉を薄く焼いた〝ガレット〟に始まりました。これがパリなどに広まって小麦粉が使われ、牛乳、卵、バター、砂糖なども加わり、薄く焼くことから布地の〝ちりめん〟を表す〝クレープ〟と呼ばれるようになったとのこと。近頃は、日本にもフランス同様の専門店ができ、料理系にはそば粉を使いガレットに、甘味には小麦粉を使いクレープにと区別して、飲み物もシードル（りんごの発泡酒）が用意されるなど、遠いブルターニュがとても身近になりました。ここに紹介する配合は特に甘みが強くないので、料理にも使えますし、お好みで砂糖の分量を減らしても結構です。〝クレープは白く焼く〟と言われていたこともありましたが、しっかり焼き色をつけたほうがずっとおいしいと思います。

クレープ、ラ・フランスのソース添え
Crêpes aux poires
作り方p.78

クレープを作ります

材料(直径18cm12枚分)

生地

- 薄力粉…100g
- 塩…小さじ¼
- 砂糖…大さじ1
- 卵…1個
- 卵黄…1～2個分
- 牛乳…250g(常温)

バター…20g+適量

生地を作る

1

ボウルに薄力粉、塩、砂糖を入れ、泡立て器でよく混ぜる。中央を少しくぼませ、ここに卵、卵黄、牛乳の¼量を加え、よく混ぜる。

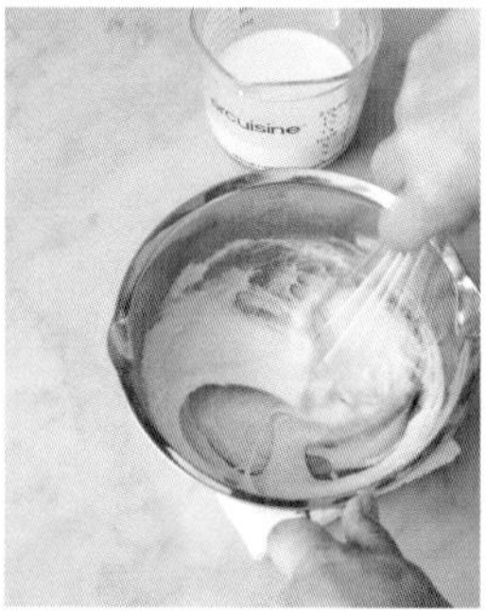

2

だまがなく、充分粘りが出るように混ぜる。残りの牛乳を2回に分けて加え、溶きのばす。

3

網を通す。

4

ラップフィルムをかけて一晩休ませる。

＊少なくとも2～3時間は休ませます。

生地を焼く

5

フライパンで分量のバターを溶かして生地に加え、よく混ぜる。

＊必ず焼く直前に加えてください。

6

フライパンを熱し、薄くバターをぬり、玉じゃくしで生地を流し、フライパンを回しながら手早く均一な厚さに広げる。周囲が色づいて、ちりちりと浮いてくるまで待つ。

厚焼きのクレープです。じゃがいもやチーズ入りの塩味のマタファンもあるようです。甘みはりんご入りがポピュラーですが、ここではぶどうを使いました。アメリカンチェリーもおすすめです。生地はp.78のクレープの配合中の牛乳を半分にして、卵白1個分をメレンゲにして加えます。

ぶどうのマタファン

Matafan aux raisins

材料（2枚分）

生地
- 薄力粉…100g
- 塩…小さじ ¼
- 砂糖…大さじ1
- 卵…1個
- 卵黄…2個分
- 牛乳…125g（常温）

メレンゲ
- 卵白…1個分
- 粉砂糖…小さじ1

バター…20g＋適量
種なしぶどう…300g
粉砂糖…適量

a

1 p.78を参照して牛乳を半分にしたクレープ生地を作る。生地を休ませた後、焼く直前の生地に溶かしバター、メレンゲを順に加え混ぜる（a）。半量にぶどう150gを加える。
2 フライパンを熱し、バターを多めに入れて生地を流す。弱火にしてゆっくり焼く。
*ここでふたをすると早く火が通ります。
3 表面が固まったら粉砂糖をふる。裏返して周囲からバターを足す。
4 ふたに返し、皿にすべらせて粉砂糖をふる。残りの半量も同様にして焼く。

7

手前を箸で持ち上げ、指でつまんで裏返す。

*熱ければ、破らないように箸をクレープの下に刺し込み、薄焼き卵のように返します。

8

裏面にも焼き色をつけ、乾いた布巾に置く。

*フライパンにひくバターが多すぎるときれいに焼けません。また、ボウルの生地は粉が沈むので1枚ごとに混ぜます。

すべて焼いたら布巾で包む。

*これによって乾燥を防ぎ、保温することになります。

ソースを作る

ラ・フランスのソースの材料（2人分）

ラ・フランス…1個（約300g）
バター…25g
砂糖…約50g
アルコール…大さじ2
*洋梨のブランデー（オー・ドゥ・ヴィ）を使用。他のブランデー、ラム酒でも。
生クリーム…70g

1 ラ・フランスを四つ割りにし、皮と芯を除いて約2cm角に刻む。
2 フライパンを熱してバターを入れ、ラ・フランスも加えて強めの中火で炒める。焼き色がついてきたら砂糖、アルコールを加え、アルコール分が飛んだら生クリームも加える。
3 ソースにとろみがついたら、器に広げたクレープの手前半分にのせ、形よくクレープを折り重ねる。

りんごのフラン

Flan aux pommes

作り方p.82

クラフティ？　フラン？　そのどちらにするかと少々悩みました。私にもはっきりとした区別方法がわかりません。さくらんぼならリムーザン風でクラフティ、フルーツを入れずに作ればフラン、と代表的なものだと簡単なのですが、配合的に粉が少ないので〝フラン〟としました。

クラフティは一般に粉が多く入り、しっかりと焼けて、まさにクレープの仲間なのですが、このフランの配合は、粉の入ったカスタードプディングといったところなので、焼き方も低めの中温で湯せん焼きとしました。焼き上がると、プディングの上にりんごが重なり二層に分かれます。熱いうちでも冷ましてもおいしくいただけます。とても家庭的なデザートです。

カヌレ

Cannelet

作り方p.83

形から名づけられたようです。周囲に溝がありますね。それをカヌレと言います。例えばサブレなどの抜き型、日本で菊型というのがあります。それをフランスではカヌレの抜き型と呼びます。菊型のタルトレット、これもカヌレです。また、生地の配合、水分は多めですが、砂糖がたっぷり入ったクレープ生地というところです。関係があるかどうかはわかりません。この生地を高温で長時間焼きます。水分が飛んで、周囲はこんがり、しっかりとかたく、まるでキャラメリゼしたように焼け、内部はもっちりと、他に類のないお菓子になります。

もともとはボルドーの女子修道院で作られたといわれています。ろうそくの材料の蜜ろうをとるため、蜜蜂を飼っていて、その蜜ろうを型にぬるのが伝統的ということなので、私も試しましたが、これがなかなか厄介。バターでもよいと聞いてからはそうしていますが、蜜ろうは表面がよりカリッとして、独特の香りがつきます。

このお菓子の大きな欠点は、とても食べ頃の時間が短いこと。焼きたての熱々はだめです。表面がカリッとしていません。生あたたかいのも内部が落ち着いていない感じです。完全に冷めて少しおくと、正に、食べ頃になります。さらにおいて翌日となるとまったくだめです。周囲のカリッが消えてしまいます。どうぞ、いつ召し上がるか予定を立てて焼いてください。

りんごのフラン

材料（長径25㎝のグラタン皿1台分）

紅玉（または好みのりんご）…2個

- 砂糖…120g
- 薄力粉…45g

卵…3個

- 牛乳…500g
- バニラビーンズ…½本

生クリーム…100g

カルヴァドス

（または好みのアルコール、なくても可）…大さじ1〜2

準備

・グラタン皿にバターをぬる。

・りんごは四つ割りにし、芯と皮を除いて厚さ2〜3㎜に切り、グラタン皿に写真のように並べる。

・オーブンを150℃に予熱する。

1 ボウルに砂糖と薄力粉を入れ、泡立て器でよく混ぜる。ここに卵を加えて、均一でなめらかな状態に混ぜる。

2 バニラを加えた牛乳を沸かし、火から下ろして生クリームを加え混ぜる。これを1のボウルに加え混ぜ、好みでカルヴァドスなどで風味づけをする。

3 用意しておいたりんごの上から2を静かに注ぎ入れる。

4 バットまたは深めの天板に移し、周囲に深さ2㎝くらいまで熱湯を注ぐ。150℃のオーブンに入れ、中央部が固まるまで焼く。

カヌレ

材料（直径5.5cmのカヌレ型約12個分）

- 牛乳…500g
- バニラビーンズ…½〜1本

- 砂糖…200g
- 薄力粉…120g

卵…1個
卵黄…2個分
ラム酒…大さじ3

準備

・型にバターをぬる。
・オーブンを高温（200℃）に予熱する。

1

牛乳にバニラを加えて火にかけて沸かし、60〜70℃に冷ます。

2

ボウルに砂糖、薄力粉を入れ、泡立て器でよく混ぜる。中央をくぼませ、卵、卵黄、ラム酒を入れ、なめらかになるまでよく混ぜる。

a

3

まず、1の牛乳を少し加え混ぜ、均一なドロッとした状態にする。続いて残りの牛乳を加え、溶きのばす。

4

網を通してラップフィルムをかけ、一晩（あるいは半日）休ませる（a）。

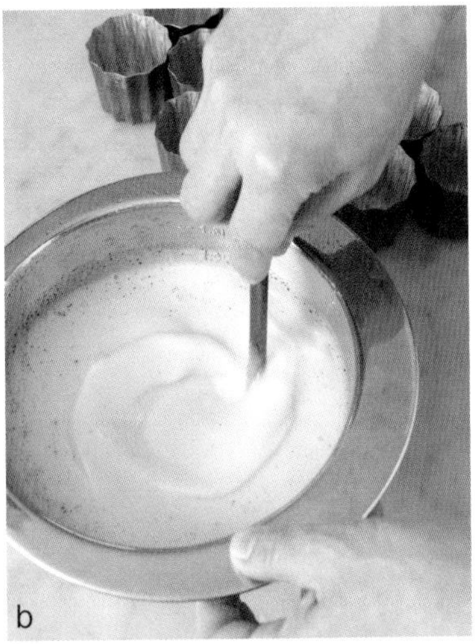

b

5

下に粉が沈んでいるので生地を均一に混ぜ（b）、型の八分目くらいに分け入れる（c）。

c

6

高温のオーブンに入れ、約1時間焼く。やや心配になるくらい、焼き色をつける。

7

網台に取り出し、冷ます（d）。

＊食べ頃に注意です。

d

カスタードプリン

Crème caramel

おなじみのプリンです。英国で卵、牛乳、砂糖を合わせて加熱したものを〝カスタード〟と呼び、そのプディングということです。

フランス語では〝クレーム・キャラメル〟。このように型から出すと〝ひっくり返した〟という名になり〝クレーム・キャラメル・ランヴェルセ〟となります。これほどフランス菓子があふれているのに、やはり〝カスタードプリン〟と呼んでしまいますね。粉類を入れずに卵の熱凝固性のみで固めます。家庭では蒸し器で作ることが多いようですが、ぜひオーブンで焼いてみてください。水分が飛ぶので少々しっかりと、泡が浮いているところは少し焼き色もつきます。寒い時期など温かいうちもおいしいものです。その場合、型から出しにくいので、陶製のラムカンとかp.80のりんごのフランのようにグラタン皿で作ります。

材料
(容量100mℓのプディング型8個分)
キャラメル
- 砂糖…100g
- 水…小さじ2
- 熱湯…大さじ1

アパレイユ
- 牛乳………500g
- バニラビーンズ…½〜1本
- 卵…4個
- 砂糖…125g

準備
・湯せん用のバットと熱湯を用意する。
・ボウルに水を張る。
・オーブンを150℃に予熱する。

a

b

c

d

e

f

キャラメルを作る

1 まず、キャラメルを作る。小型の片手鍋に砂糖を入れて水を散らし、中火にかける(a)。
2 砂糖が半分くらい溶けて少し色づいてきたら、鍋をゆっくり回し、残りの砂糖も溶かす。
3 煙が出はじめたら、ときどき鍋を火からはずして様子を見る(b)。
4 好みの色になったら、火からはずして熱湯を加え、鍋を回しながら混ぜて、鍋底をボウルの水に当てる(c)。
5 型に適量入れ(d)、型を回して底に広げる。

*余熱でさらにキャラメル化が進むので注意します。

*キャラメルがかたくなったら、鍋底を中火に当ててゆるめます。残ったキャラメルはオーブンペーパーに円盤状に流してタブレットにしておくと次回にそのまま使えます。

アパレイユを作り、湯せん焼きにする

1 鍋に牛乳とバニラを入れ、弱火でゆっくり沸かし、これを人肌くらいに冷ます。
2 ボウルに卵を入れ、泡立て器でよくほぐしてから砂糖を加え、溶けるように混ぜる。
3 2に1を加えて混ぜ、網を通して、型に分け入れる。型をバットに並べ、深さ2㎝くらい熱湯を入れ(e)、150℃くらいのオーブンに入れて、20〜25分焼く。焼き上がりは、中央部をナイフの先で刺し(f)、液体が出てこなければよい。充分冷ましてから型とプリンの間にぐるりとプリンナイフを入れ、器に取り出す。

Chapitre

7

卵白を泡立てて作る

メレンゲのお菓子

Meringue

メレンゲのお菓子を五つ紹介します。メレンゲ（ムラング）はほかのページでもたびたび登場していますが、この五つはメレンゲ本体をも味わいます。〝ムラング・ア・ラ・シャンティイ〟は、フランスでは赤ちゃんの握りこぶしくらいの大きさに焼いたメレンゲ2個の間に、クリームをたっぷり絞って売られています。日本であまり見ないのは湿度が高いからでしょうか。メレンゲが湿気てしまわないうちにいただける家庭向きのお菓子です。メレンゲの配合は卵白１００gに対して、粉砂糖１２０g。要するに砂糖１２０％となります。多すぎ、甘すぎ、と思わないでください。これは限界に近い配合で、これ以上砂糖を減らすと形も保てません。また、真っ白にできていますが、これは私のオーブンが80℃くらいの低温にできるからです。一般にオーブンは発酵温度を除いて、最低１００℃からの設定になっていますが、１００℃で焼くとベージュ色に色づいてしまいます。でも、これ、とてもおいしいのです。真っ白に焼けなくても問題ありません。後で紹介するモンブランや、ブルッティ・マ・ブオーニ、これらは色づくように焼いています。

私のムラング・ア・ラ・シャンティイは、家庭向きに試作しているうちにニュージーランドやオーストラリアのお菓子、パブロバのようになってしまいました。フランボワーズのシャンティイを絞り、いちごを飾りましたが、これはお好みで。シャンティイでなく、アイスクリームでも、ほかのフルーツでも結構です。

ムラング・ア・ラ・シャンティイ

Meringue à la chantilly

作り方 p.88

メレンゲを作ります

材料（直径約7cm17〜18個分）
卵白…100g
粉砂糖…120g

準備
・絞り袋に直径20mm6切れ星形の口金をつける。
・オーブンを80〜100℃に予熱する。

メレンゲを絞って焼く

1
p.33を参照して、しっかりかたいメレンゲを作る。

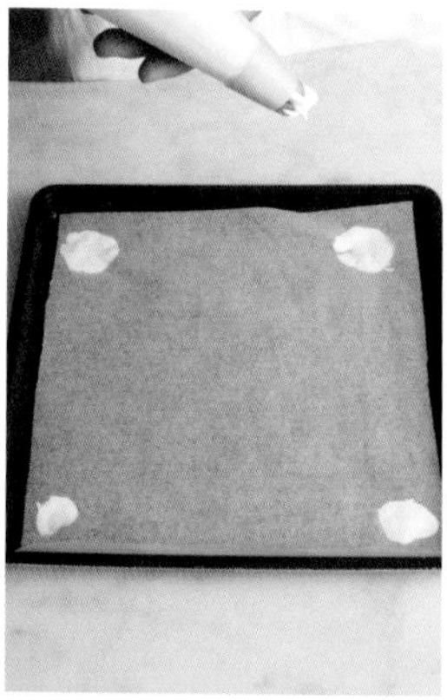

2
用意した絞り袋に1を入れ、天板の四隅にメレンゲをつけ、オーブンペーパーを敷く。

＊オーブンペーパーを固定するためです。

3
大きく円を描いて直径7cmほどに絞り出す。

4
80℃または100℃のオーブンに入れ、中心部が乾くまで乾燥焼きにする。

＊80℃のオーブンだと約6時間かかりますが、100℃では約2時間です。

密閉容器に入れて保存する。湿度の高い時期は乾燥剤を入れる。

フランボワーズのクレーム・シャンティイ

材料（約5個分）
フランボワーズジャム（p.122参照）…50g
生クリーム…100g
いちご…15粒
粉砂糖…適量

準備
・絞り袋に大きめの丸口金をつける。

1
冷蔵庫で冷やしたガラスボウル（または氷水に浮かべたステンレスボウル）にジャムと生クリームを入れ、最初はハンドミキサーの低速で二つがよく混ざるようにし、次に中速で少しかために泡立てる。

2
大きめの丸口金をつけた絞り袋に入れ、メレンゲの上に、こんもりと絞る。いちごをのせ、粉砂糖をふり、メレンゲが湿気ないうちにいただく。

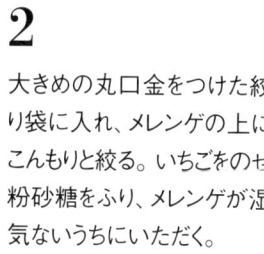

モンブラン

Mont-blanc

作り方 p.90

私の教室でも先代の頃からずいぶんといろいろなモンブランを作ってきました。クリームはフランスの缶入りペーストにバター、生クリームなどを加えて、濃厚に仕立てていました。フランス菓子らしく、とてもおいしいものでしたが、もっと自然な栗の風味をと思い、栗をバニラを加えた牛乳で煮てペーストに。これももちろん、とてもおいしかったのですが、しばらく前からここに紹介する作り方が気に入っています。原点に戻ったわけです。風味のよい栗でお作りください。大小のモンブランを紹介します。

モンブラン

材料(直径15〜16㎝の円盤状1枚分)

メレンゲ

- 卵白…50g
- 粉砂糖…60g

栗のペースト(生栗500g分)

- 蒸し栗の正味…300〜350g
- きび砂糖…栗の正味の10〜15%
- 好みでラム酒…適量

生クリーム…約150g

粉砂糖…適量

1

p.33の作り方を参照してメレンゲを作る。直径15〜20㎜の丸口金をつけた絞り袋にメレンゲを入れ、天板のオーブンペーパーの上に、中心からゆっくり渦巻き状に厚みが出るよう直径15〜16㎝に絞り出す。

＊ムラング・シャンティイのように星形口金で絞っても。

2

100℃のオーブンで約2時間半、乾燥焼きにする。中心まで乾燥させ、密閉容器に入れて保存する。

3

洗った栗を蒸し器に入れ、中火で40〜50分蒸す。粗熱が取れたところで、ナイフで二つに切り、スプーンで身を取り出し、分量をはかる。

＊長時間蒸すので水はたっぷりと入れ、なくならないよう気をつけます。

4

フードプロセッサーに3の栗と砂糖を入れて攪拌し、なめらかな状態にする。好みでラム酒を加える。

5

ポテトマッシャーで押し出し、そぼろ状にする。マッシャーでなくとも、適当な網やざるなどを利用する。

＊少々パラパラしますが、フードプロセッサーで砕いたままでも作れます。

6

直径18㎝のボンブ型にラップフィルムを敷き、栗のそぼろを入れて軽く押さえる。大きめの丸口金をつけた絞り袋に砂糖を加えず泡立てた生クリームを入れて、そぼろの上に円を描くように絞る。

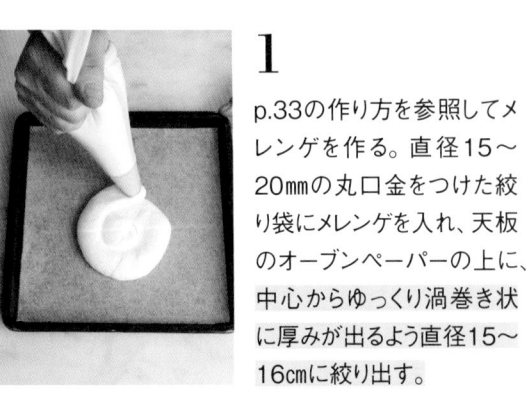

7

6の上にメレンゲを当てて軽く押さえる。盛り皿を当て、それを裏返して、ボンブ型、ラップフィルムをそっとはずし、粉砂糖を雪のようにふりかける。

*この写真のものは、ラップフィルムをはずした後、そぼろを少々のせ、かたい印象をなくしました。切り分けるというより、取り分けるお菓子です。そぼろがくずれますが、それもおいしさのうちと思います。

小型のモンブラン

1

直径15〜20㎜の丸口金をつけた絞り袋にメレンゲを入れ、天板のオーブンペーパーの上に、"の"の字を描くように厚みを出し、直径7㎝の丸形になるよう絞り出す。

2

100℃のオーブンで2時間、乾燥焼きにする。中心まで乾燥させ、密閉容器に入れて保存する。

3

皿にメレンゲを置き、泡立てたクリーム20gを丸くこんもりと絞る。そぼろをたっぷりのせ、粉砂糖をふる。

*適当な器があれば、大型のモンブランと同じように作っても結構です。

〝ジャポネ〟フランス語で〝日本の〟〝日本人〟を意味します。私としては気になる名ですが、フランスの製菓学校の校長にたずねても「昔からそう呼んでいる」との答え。私の師も同様の疑問を持っていました。スイスのプティガトーに表面に赤いグラスを円形に絞ったものがあり〝日の丸〟を表しているとのことで、この菓子の生地が、このジャポネで、薄焼き3枚をバタークリームで重ねてあったとのことでした。この生地はかたく泡立てたメレンゲにアーモンドやヘーゼルナッツの粉末と粉砂糖、小麦粉などを加えて作ります。ほとんど同じ生地にシュクセ（成功）、プログレ（進歩）といくつかの名がついています。これらは中まで乾燥させ、サクッとした食感に焼き上げます。バタークリームなどをはさんで、いただくときにはしっとりとしているものもあります。日本でも有名な〝ダコワーズ〟これも仲間です。

渦巻きのジャポネ

Japonais

作り方 p.94

ブルッティ・マ・ブオーニ

Brutti ma buoni

作り方 p.95

イタリアのメレンゲ菓子です。訳すと〝醜いけどおいしい〟という名がついていますが、私には見るからにおいしそうに見えます。〝マカロン・パリジャン〟相変わらずの人気です。色、形も美しく、私も好きですが、家庭で作るのなら、このブルッティ・マ・ブオーニのようなお菓子のほうがよいと思っています。アーモンドからピスタチオまで5種のナッツと、アクセントに酸味のある干しあんずも加えました。ナッツの種類、量はお好みでどうぞ。

渦巻きのジャポネ

材料（直径6cm15枚分）

メレンゲ

- 卵白…50g
- 粉砂糖…20g

- アーモンドパウダー…30g
- 粉砂糖…10g
- 薄力粉…5g

粉砂糖…適量

準備

・天板にオーブンペーパーを敷く。

・アーモンドパウダー、粉砂糖、薄力粉は合わせて網に通す。

・絞り袋に直径10mmの丸口金をつける。

・オーブンを140〜150℃に予熱する。

1

ボウルに卵白を入れ、ミキサーで泡立てる。途中2回に分けて粉砂糖を加える。このメレンゲは粉砂糖が少ないので、泡立てすぎないように注意する。

2

合わせておいた粉類を2回に分けて加え、へらで見えなくなるまで切り混ぜる。

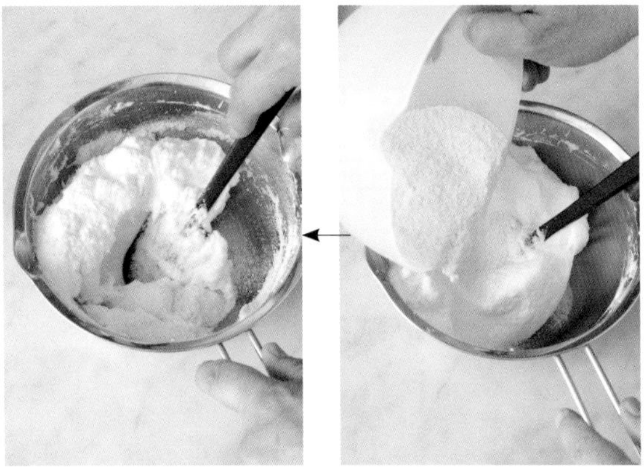

3

用意した絞り袋に入れ、オーブンペーパーの上に、中心から、渦巻き状に、直径6cmほどの円形に絞る。

＊このとき、口金は最初天板に近いが、少し高く持ち上げ、ひもを垂らすように絞り出し、最後はまた、天板に近づけて終わる。こうすると角張らず、きれいな円形になります。

4

粉砂糖をふりかける。少しおいて生地上の粉砂糖が見えなくなったら、もう一度ふりかける。オーブンに入れて、色づきはじめたら、120℃くらいに温度を下げ、中心が乾くまで焼く。

＊焼き上がっても熱いうちはやわらかい。冷めたときに乾いていればよいです。

5

冷ましてから、そっとはずし、缶や密閉容器に入れて保存する。

ブルッティ・マ・ブオーニ

材料（直径4cm約50個分）

メレンゲ

- 卵白…100g
- 粉砂糖…100g

- アーモンド（丸粒）、ヘーゼルナッツ（丸粒）、
  くるみ、ピスタチオ、松の実、干しあんず…計150g
- 粉砂糖…100g
- シナモン…少々

準備

・絞り袋に直径15mmの丸口金をつける。

・オーブンを100℃に予熱する。

1

ナッツを用意する。アーモンドとヘーゼルナッツは別々にローストする。アーモンドは150℃くらいのオーブンで、ときどき天板の上で混ぜ、平均にローストする。ヘーゼルナッツは皮を除くためにもう少し高く、180℃くらいのオーブンに入れ、やはりときどき転がして平均に焼く。皮が浮いてきたら、乾いた布巾などで包み、もむように皮を除く。

＊どちらもローストした材料が売られています。くるみはそのまま使いましたが、お好みでローストしてください。松の実、ピスタチオはそのまま使いました。

2

まな板に紙を敷き、アーモンド、ヘーゼルナッツ、くるみを粗く刻む。松の実はそのまま、ピスタチオは細かく刻み、干しあんずも刻んで加える。これらをボウルに入れ、分量の粉砂糖、シナモンを加え混ぜる。

3

しっかりかたく泡立てたメレンゲに、2を2回に分けて加え、へらで切り混ぜる。

4

用意した絞り袋に入れ、オーブンペーパーを敷いた天板に直径4cmくらいにこんもりと絞り、100〜120℃のオーブンに入れて約1時間、中心まで乾燥するように焼く。

5

密閉容器に入れて保存する。

シンプルなメレンゲ菓子、生地に加えるメレンゲなど、メレンゲなしのフランス菓子は考えられない？と思えるほど、メレンゲは大切です。卵白に砂糖を加えて泡立てる、偉大な発明です。

フィナンシェといえば、金の延べ棒を模した矩形のお菓子を思いますが、広げていくとこれも仲間に入れてもよいと思います。メレンゲで作ったスポンジケーキの仲間ともいえます。バターは溶かさず、やわらかいクリーム状にして加えました。表面に粉砂糖をたっぷりふりかけ、霧を吹く、すると表面にサクッとした砂糖の衣ができて、この食感がまた、とても心地よいのです。

ドライフルーツとナッツ入りフィナンシェ

Financier aux fruits secs

材料（直径7.5㎝のタルトレット型8〜9個分）

メレンゲ
- 卵白…90g
- 粉砂糖…60g

オレンジピール、干しあんず、アーモンド、ピスタチオ、松の実などお好みで…計90g
- 粉砂糖…60g
- 薄力粉…40g
- アーモンドパウダー…40g

バター…60g
粉砂糖…適量

準備

・型にはバター（分量外）をぬり、スライスアーモンド（分量外）をつける（a）。
・ナッツ、ドライフルーツ類は刻む。
・バターはトロッとやわらかいクリーム状にする。
・粉砂糖、薄力粉、アーモンドパウダーは合わせて網に通す。
・絞り袋に直径15㎜の丸口金をつける。
・オーブンを中温に予熱する。

1 しっかりかたいメレンゲを作り、用意しておいたナッツ、ドライフルーツを加えて、へらで切り混ぜる（b）。

2 合わせた粉類を2回に分けて加え、その都度、へらで見えなくなるまで切り混ぜる。やわらかくしたバターを一度に加え（c）、均一になるまで混ぜる。

＊バターがかたいと生地となじみません。

3 絞り袋に2の生地を入れ、用意した型に表面が平らになるように絞り入れる（d）。

4 粉砂糖をたっぷりふりかける（e）。型からはみ出した部分を指で整え（f）、しっとりするくらい霧をふき、中温のオーブンに入れて15〜20分で焼き上げる。

＊型から取り出す際、表面の砂糖衣をこわさないように注意します。

Chapitre

8

ソース・アングレーズと果物のピュレで

ババロワ

Bavarois

ババロワは、基本的には二つに分けられます。一つはソース・アングレーズ（カスタードソース）にゼラチンと生クリームを加えたもの。写真のうち白いのがババロワ・ア・ラ・ヴァニーユです。これにチョコレートや、コーヒーなども加えられます。

もう一方は、果物のピュレにゼラチンと生クリームを加えたものです。ここでは濃いピンクのババロワ・ア・ラ・フランボワーズを。フレッシュなフランボワーズはなかなか手に入りませんし、とても高価ですが、冷凍品を使えば一年中手軽に作れます。色鮮やかで香りは華やか。もちろん、おいしさも充分です。

最初にこれら二つを取り上げ、応用としてチョコレートババロワとジェノワーズを組み合わせた、私の教室の代表的なお菓子を紹介します。

ババロワ・ア・ラ・フランボワーズ
Bavarois à la framboise
作り方p.102

ババロワ・ア・ラ・ヴァニーユ
Bavarois à la vanille
作り方p.100

ソース・アングレーズのババロワを作ります

材料（容量70mℓのゼリー型9〜10個分）

- ゼラチン…小さじ2½
- 白ワイン（または水）…大さじ2½

ソース・アングレーズ

- 卵黄…3個分
- 砂糖…60g
- 牛乳…200g
- バニラビーンズ…½本
- リキュール…大さじ1

生クリーム…200g

準備

・ゼラチンを白ワインにふり入れ、20〜30分おく。

＊ゼラチンに水分を加えると、器の内側に飛び、吸水にむらが出ます。
＊お使いになるゼラチンの使用方法に従ってください。

ソース・アングレーズを作る

1

ボウルに卵黄と砂糖を入れ、すぐによく混ぜ、さらに白っぽくなるまで、泡立て器で攪拌する。

＊くずれた卵黄と砂糖を一緒にしておくと、卵黄が粒状に固まってしまいます。これは牛乳を加えても溶けません。

2

牛乳にバニラビーンズを加えて沸かす。

3

1のボウルに2の牛乳を注いで、泡立て器でよく混ぜる。

4

フツフツと沸いた湯せんにかけて、ボウルの底を軽くこするように、泡立て器で混ぜ続ける。少しとろみがついてきたら、火通りのチェックをする。へらにソースをとると、へら全体にソースが薄くまつわり、指で筋がつくのが頃合いの目安。

＊温度でいうと82〜83°C。加熱不足もよくないし、過ぎると卵黄がざらついてしまいます。

生地を作り、型に流す

5

湯せんからはずし、用意しておいたゼラチンを加え、余熱で溶かす。

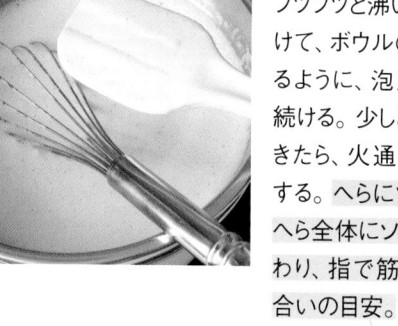

6

網を通して、好みのリキュールなどを加え、ボウルの底を水に当てて冷ます。さらに氷水に替え、ゆっくり混ぜながら均一にとろみをつける。

＊固まりすぎた場合、ボウルの底を湯または遠火で温めてゆるめます。泡立て器で混ぜてもくずれるだけで、ゆるみません。

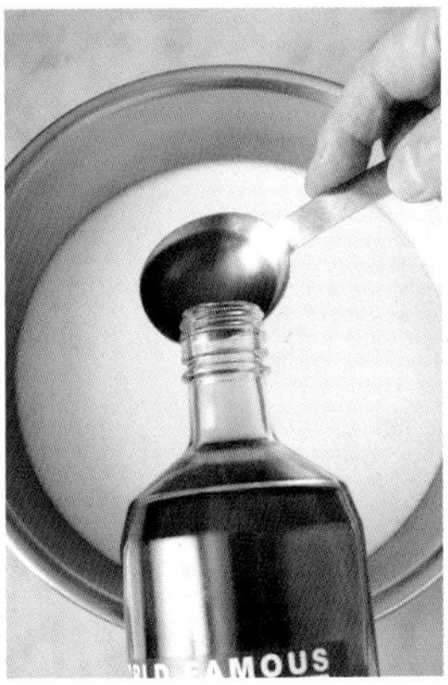

7

いい頃合いのとろみがついたところに、やわらかめに泡立てた生クリームを加え、均一に混ぜる。

8

水でぬらした型に分け入れ、冷蔵庫で冷やし固める。

型からはずす

9

指でババロワの縁を押して、型との間にすき間を作る。

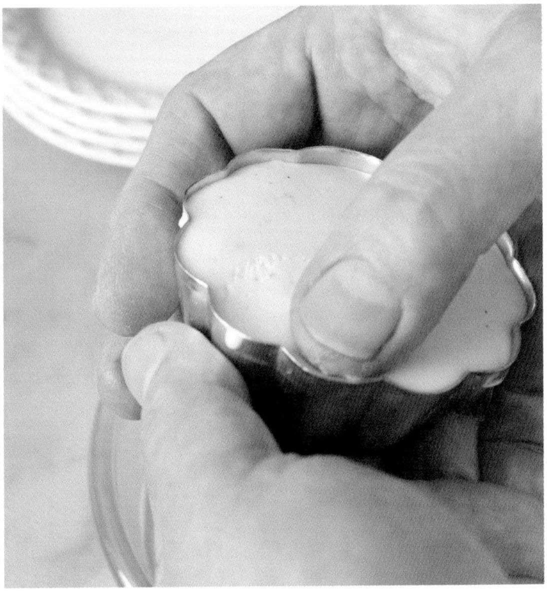

10

ボウルの水に浸してすき間に入れる、または水道水を細く流し入れると、比重の軽いババロワがフッと浮く。または、湯に型を短時間浸して少し温める。

11

ババロワを手に取って皿に移す。皿をぬらしておくと、動かして位置を直すことができる。

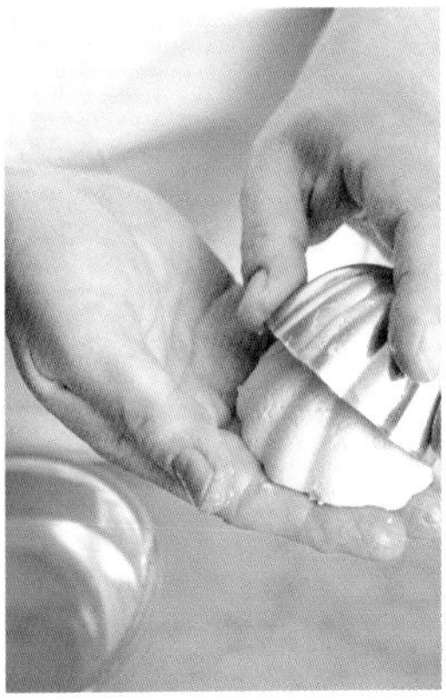

フランボワーズのピュレでババロワを作ります

いちごに代えても結構です。そのとき砂糖は少し減らしてもよいと思います。

材料（容量70mℓのゼリー型11〜12個分）

- ゼラチン…大さじ1⅓
- 白ワイン（または水）……60g

- フランボワーズ（冷凍品。解凍する）…400g
- 砂糖…150g

リキュール…大さじ1

生クリーム…200g

準備

・ゼラチンを白ワインにふり入れ、20〜30分おく。

ピュレで生地を作り、型に流す

1

解凍したフランボワーズに砂糖を加え、スティックミキサーで攪拌してピュレにする。

＊攪拌する道具はミキサーでもフードプロセッサーでも。

2

ボウルに移して、溶かしたゼラチンを加え混ぜる。次にリキュールを加える。

3

ボウルの底を氷水に当てて、ゆっくり混ぜながら均一にとろみをつける。

4

やわらかめに泡立てた生クリームを加えて、均一に混ぜる。水でぬらした型に分け入れ、冷蔵庫で冷やし固める。

型からはずす

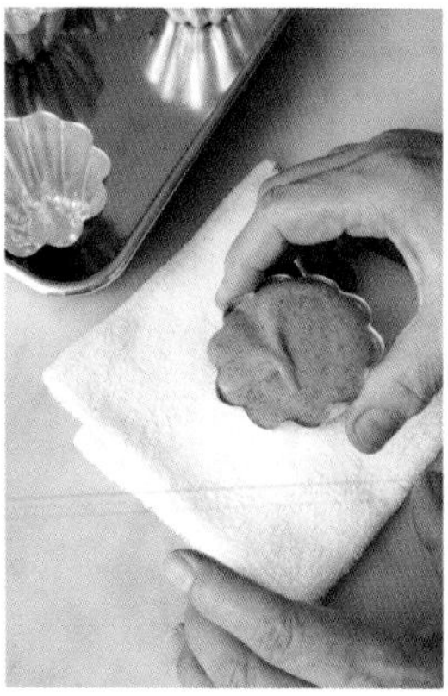

p.101を参照して型からはずす。

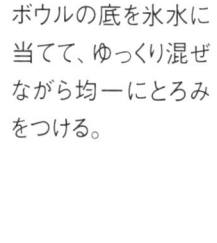

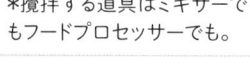

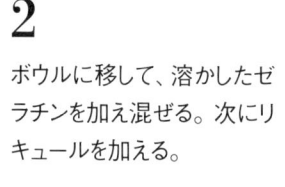

バナナ入り チョコレート ババロワケーキ

Gâteau banane-chocolat

スポンジケーキとババロワの組み合わせは、たくさんの種類が頭に浮かんできますが、これは私の教室の定番中の定番です。一年中手に入るバナナはとても便利です。かたさもほどよく、そのまま使えます。空気にさらすと茶色くなりますが、ババロワに埋もれているので大丈夫。ただし、なるべく曲がっていて短いのを選びます。二重の輪に並べるのですから。

作り方p.104

バナナ入りチョコレート
ババロワケーキ

材料(直径20㎝のお菓子1台分)

スポンジケーキ(p.12参照。上下に切り分けたもの)…1枚

リキュール入りシロップ(p.122参照)…適量

バナナ(短く曲がったもの)…4〜5本

チョコレートババロワ

- ゼラチン…小さじ2
- 白ワイン(または水)…大さじ2
- 牛乳…150g
- ダークスイートチョコレート…70g
- 砂糖…40g
- 卵黄…1個分
- リキュール…大さじ1
- 生クリーム…150g

クレーム・シャンティイ

- 生クリーム…120g
- 砂糖…適量

準備

・ゼラチンを白ワインにふり入れ、20〜30分おく。

1

牛乳150gを沸かし、このうち半量をチョコレートを入れたボウルに注ぎ、チョコレートを溶かす。溶けきらない場合は、チョコレートのボウルを湯に当てる。

2

小型のボウルに砂糖、1の牛乳から小さじ2くらい、卵黄を入れ、泡立て器でよく混ぜる。ここに残りの熱い牛乳を加える。

3

フツフツと沸いた湯せんにかけ、80℃くらいに加熱し、湯せんからはずす。

4

用意しておいたゼラチンを加えて、余熱で溶かす。

5

4の⅓量を1のチョコレートに加えて、溶きのばす。

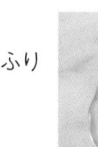

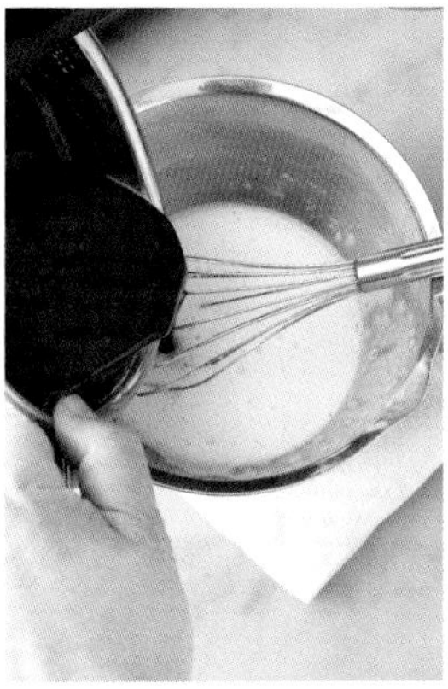

6

次に5のゆるめたチョコレートを牛乳のボウルに加えてよく混ぜて、好みのリキュールを加える。

＊ここでババロワを流すスポンジケーキの用意をします。

7

スポンジケーキを台に置き、トルテンリングを巻いてクリップでとめる。リキュール入りシロップをぬり、縦2枚にスライスしたバナナを二重の輪になるように並べる。

8

6のボウルを氷水に当て、ゆっくり混ぜながら均一にとろみをつける。

＊この場合かなりゆるいとろみにしておきます。そうでないと、ババロワが平らになりません。

9

やわらかめに泡立てた生クリームを8に加えて均一に混ぜ、7のスポンジケーキに流し入れる。冷蔵庫で冷やし固める。

10

固く絞ったぬれ布巾を電子レンジで温める。これをトルテンリングに巻きつけて少し温め、トルテンリングをはずす。

11

生クリームに砂糖を入れて泡立ててクレーム・シャンティイを作り、大きめの星形口金をつけた絞り袋に入れ、ケーキの周囲を飾る。

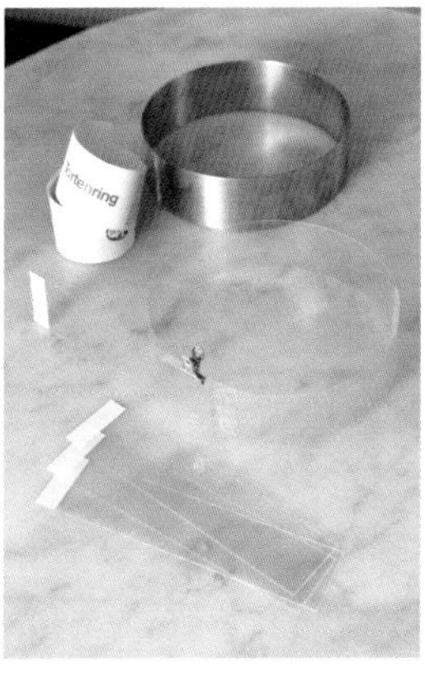

トルテンリング
ドイツのプラスチック製セルクルで、自由に曲げられてお菓子の大きさにかかわらず使える便利な製品。クリアファイルを幅6cmくらいに切り、テープでつないでも代用できます。またはステンレス製のセルクルでも結構です。手前の短いものは〝ムースフィルム〞という商品名で売られ、つないでトルテンリングのようにも使えます。

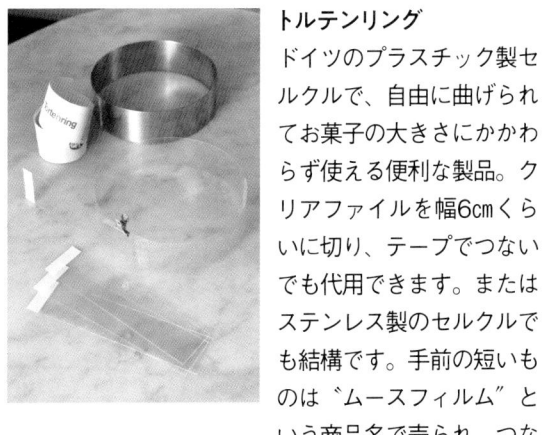

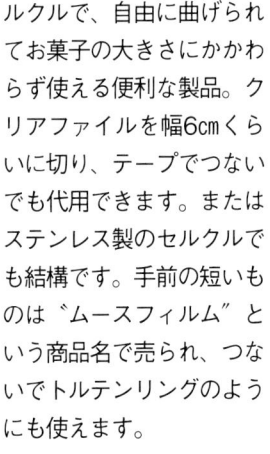

日本風に言うと冷製チーズケーキです。このお菓子も私の教室の古いレシピの一つです。師の話によればスイスのお菓子ではなく、フランスのプティスイスというフロマージュブランを使うのでこの名になったとのことです。また、このチーズは、スイス生まれではなく、フランス・ノルマンディでスイス人が作りはじめたといわれています。

日もちがしないためか、日本では見かけないので、クリームチーズで代用しています。四角に作りましたが、丸形、小型とお好きにどうぞ。底のサブレとはとても相性がよいので、ぜひ組み合わせてください。フルーツともよく合います。

ガトー・スイス

Gâteau suisse

材料(17〜18cm角の枠1台分)

底生地(p.42〜44参照)
パートシュクレ…約150g
あんずジャム(p.120参照)…約30g
アパレイユ
- ゼラチン…小さじ2
- 白ワイン(または水)…大さじ2
- クリームチーズ…120g
- 牛乳…30g
- 卵黄…1個分
- 砂糖…30g
- レモン汁…小さじ2〜3
- 好みのリキュール…適量
- 生クリーム…150g

仕上げのあんずジャム…適量

準備

・ゼラチンを白ワインにふり入れ、20〜30分おく。

底生地を作る

1 サブレを用意する。分量のパートシュクレをポリシートの間にはさみ、型に合わせてのばす。
2 シートの上面をはずして型で抜き、オーブンペーパーを当てて、裏返す。
3 周囲の余分な生地を除き、フォークでピケして、中温のオーブンで焼き上げる。
4 台に移し、あんずジャムをぬる。ラップフィルムにのせて枠をはめ、フィルムを周囲に立ち上げる。

アパレイユを作る

1 室温においていたクリームチーズをボウルに入れ、泡立て器でクリーム状にする。ここに温めた牛乳を少量ずつ加え(a)、均一でなめらかな状態にする。
2 小型のボウルに卵黄、砂糖、レモン汁小さじ1を入れ、よく混ぜる。これを熱い湯せんにかけ(b)、とろっとするまで攪拌する。
3 湯せんから下ろし、用意しておいたゼラチンを加えて混ぜる。これを1のクリームチーズに加えて均一に混ぜ(c)、残りのレモン汁と好みのリキュールも加える。
4 ボウルの底を氷水に当て(d)、均一にとろみをつける。
5 やわらかめに泡立てた生クリームを加え混ぜ、用意した型に流し(e)、冷蔵庫で冷やし固める。
6 ぬらした布巾を固く絞って電子レンジで温め、これを周囲に巻いて枠をはずす。紙コルネ(p.127参照)にあんずジャムを入れて、線描きする(f)。

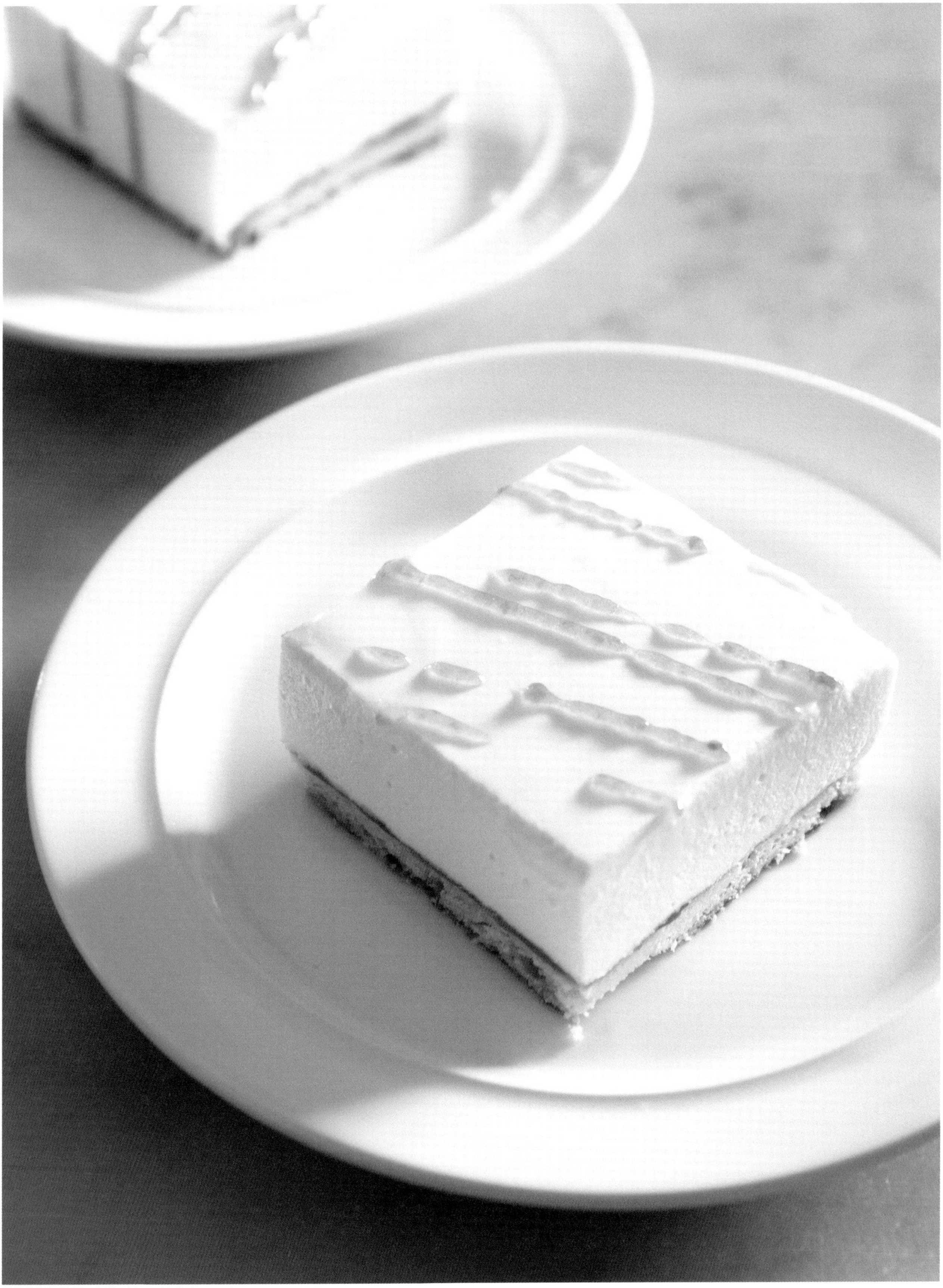

Chapitre

9

ソース・アングレーズと果物のピュレで

アイスクリームとシャーベット

Glaces et sorbets

「家で作るアイスクリームやシャーベットは口当たりがなめらかにならない」とよく耳にしますが、私は一度凍らせて、それをフードプロセッサーで回転させ、氷の結晶を細かく砕いて、空気を含ませています。

バニラアイスクリームは、p.99のババロワ・ア・ラ・ヴァニーユとてもよく似ています。味はほとんど同じ。そのはずです。ベースはソース・アングレーズ（カスタードソース）です。材料もほぼ一緒。生クリームも入ります。配合のバランスが少し異なることと、一方はゼラチンを入れて冷やし固める、こちらは凍らせる、という違いです。p.84のカスタードプリンや、シューに詰めたカスタードクリームも仲間といえます。

バニラアイスクリームがババロワ・ア・ラ・ヴァニーユとほぼ同じというように、このプルーンのアイスクリームも、ババロワ・ア・ラ・フランボワーズと、とてもよく似ています。こちらのほうが少々手間はかかりますが。

ディッシャーでバニラとプルーンそれぞれをすくい取って一つにすると、2色のマーブルアイスクリームができます。

プラムとプルーンは同じ？

よく質問されます。日本語ではすべてすももです。中国原産の日本すももをプラム、コーカサス原産の西洋すももをプルーンと分けているとのこと。さらに複雑なのが、お菓子の名前によく使われるフランス語です。フランス語ではすべてプリュンヌ(prune)ですが、干しプラムはプリュノー(pruneau)となり、p.31のフルーツケーキ、これはプリュムケイク（plum-cake）と英国風に呼びます。英語では生のものはプラム（plum）、干したものはドライドプラム（dried plum）です。お菓子の名前となると、プラムが入らず、レーズンだけのケイク、プディングも、プラムケイク、プラムプディングと呼ぶようです。いろいろと書きましたが、p.111のアイスクリームの材料は、日本ではプルーンと呼ばれています。プラムではなさそうです。とても混乱してしまいます。

プルーンのアイスクリーム
Glaces à la prune
作り方 p.111

バニラアイスクリーム
Glaces à la vanille
作り方 p.110

ソース・アングレーズの
アイスクリームを作ります

材料（作りやすい分量）

- ゼラチン…小さじ2
- 白ワイン（または水）…大さじ2

ソース・アングレーズ

- 卵黄…4個分
- 砂糖…100g
- 牛乳…400g
- バニラビーンズ…½〜1本
- リキュール…大さじ1

生クリーム…200g

準備

・ゼラチンを白ワインにふり入れ、20〜30分おく。

1 p.100を参照して、ソース・アングレーズを作る。

2 1を湯せんからはずして用意しておいたゼラチンを加え、余熱で溶かす。網を通して、リキュール（好みのアルコール）を加え、ボウルの底に水を当てて冷ます。冷めたら冷凍庫に入れ、とろみがつくまで冷やす。

＊ババロワに比べゼラチンが少ないので、氷水で冷やすほどでは、とろみがつきにくいです。

3 やわらかめに泡立てた生クリームを加え混ぜ、冷凍庫に入れて凍らせる。

4 少し常温におき、かたいへらで大まかにくずす。

5 4をフードプロセッサーに入れ、攪拌する。氷の結晶が細かく砕かれ、スムーズに攪拌できてかためのクリーム状になる。

6 容器に入れ、再び冷凍庫に入れる。

7 冷凍庫から取り出し、ディッシャーなどですくう。

＊その際、かたければ少し待ちます。急いでいるときは、ほんの短時間電子レンジにかけてみてください。溶かしてはいけません。

プルーンのピュレで アイスクリームを作ります

このプルーン、干しプルーンの原料と近い種類とのことで、果肉の水分が少なく、ねっとりとしています。結果、口当たりがややねっとりとしたアイスクリームに仕上がります。そして色は、青黒い実からは想像できないきれいなローズ色になります。しかもとてもおいしいのです。

材料（作りやすい分量）

ピュレ約450g分

- プルーン…400g
- 水…約160g（足りなければ増やす）

砂糖…180〜200g（ピュレの40〜45%）

レモン汁…適量

リキュール…大さじ1〜2

生クリーム…160〜180g

1

プルーンのピュレを作る。プルーンは洗って軸を除き、筋に沿ってぐるりとナイフを入れ、種も除く。

2

鍋に1のプルーンと分量の水を入れ、中火にかけて、底が焦げつかないようにときどきへらで混ぜながら、くたくたになるまで煮る。

＊水が足りなければ足します。

3

水分が多すぎるようなら少し飛ばす。網でごしごしと裏ごしする。

＊最後は少量の皮と繊維が残るだけです。これでピュレのでき上がりです。でき上がりの量は多少幅があります。

4

砂糖を加えて煮溶かし、味をみる。レモン汁と好みでリキュールを加える。

5

冷凍庫で少しとろみが増すくらいに充分冷やして取り出し、やわらかめに泡立てた生クリームを加え混ぜ、冷凍庫で凍らせる。

6

p.110のバニラアイスクリームと同じように、フードプロセッサーで仕上げる。

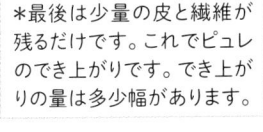

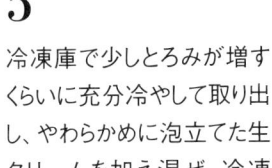

ヌガーというとアーモンドなどのナッツ類が入った茶色いかたい飴を想像する方が多いと思いますが、白いもの、やわらかいものもあります。フランスでは白いヌガーというとヌガー・ドゥ・モンテリマルが有名で、南仏ラングドック地方のモンテリマルという町の名がついています。はちみつ、メレンゲが入ったベースにアーモンド、ピスタチオなどのナッツ類、そしてドレンチェリーなど砂糖漬けのフルーツも入ります。その白いヌガーに見立てた氷菓がこのヌガー・グラッセです。それほど手間がかからず、飛び切りおいしく、ちまたで見ることもほとんどありません。ぜひお作りください。

ヌガ・グラッセ

Nougat glacé

材料（20×8×高さ9㎝のパウンド型1台分）

アパレイユ

- 卵白…35g（約1個分）
- はちみつ…60g
- 生クリーム…200g
- リキュール…大さじ1
- ドレンチェリー、オレンジピール、ラム酒漬けレーズン…計80g
- ピスタチオ…10g
- プラリネ（p.123参照）…30g

底につけるジャポネ（p.92参照）…適宜

準備

・型にポリシートを敷いて両端が型から出るようにしておく。

1 まな板に紙を敷いて、その上でピスタチオを細かく刻み、プラリネも細かく刻む。同様にドレンチェリー、オレンジピール、レーズンも刻む。

2 イタリアンメレンゲを作る。ボウルに卵白を入れ、ハンドミキサーで軽く泡立てておく。小型の片手鍋にはちみつを入れ、弱火にかけて125～130℃に熱する（a）。これを4～5回に分けてメレンゲに加え、その都度さらに泡立てる（b）。

*はちみつの量が少ないので、煮つめすぎないように注意します。また、はちみつが冷めると流れにくくなるので、その場合は温め直します。鍋に残らないように、へらですべてをメレンゲに入れます。

3 メレンゲが冷めるまで泡立てる。泡立て器に持ち替えて、ボウルの底を氷水に当てながら、さらに充分冷やす。

4 別のボウルで生クリームをやわらかめに泡立て（c）、これを2回に分けてメレンゲに加え混ぜ、リキュール、続いてフルーツ、ナッツも加え混ぜる（d）。

5 用意した型に入れ、すき間ができないようにぬれ布巾を敷いた台にトントンと打ちつけ、表面をならす。冷凍庫で凍らせる。

6 仕上げにジャポネを砕いて上面（型から出すと底になる）にびっしりとのせ、しっかり押さえる。

*丁寧に作れば、ジャポネ生地を平たい口金を使って型の大きさに絞り、焼いておきます。また、サブレなどを砕いてもよいし、市販品を利用しても結構です。

7 型からはずす。まず、ポリシートのない両端にパレットナイフなどを差し込み、型とヌガ・グラッセを離す。小型のまな板、盛り皿などを当てて返し、型をはずす。

*溶けやすいので決して型を湯につけないようにしてください。

ムロン・ジヴレ

Melon givré

作り方 p.116

メロンのシャーベットです。メロンに限らず、果肉をくりぬいた皮を器にシャーベットを詰めたものをジヴレといいます。フランス語で〝霧氷に覆われた〟の意味です。オレンジなど小型のフルーツは作りやすいのですが、パーティで大きなムロン・ジヴレが登場すると、立派なデコレーションケーキに劣らぬうれしさがあると思います。

作るのはとても簡単。ただ一つの難問は冷凍庫に場所を作ることです。今回は緑色の果肉のメロンを使いましたが、オレンジ色でもお好みで。

桃のシャーベット

Sorbet à la pêche

作り方 p.117

淡い桃色の香りのよいシャーベットです。メロンと違って火を通します。皮つきのままシロップで煮ることで、きれいな色と香りが生まれます。おいしければかための種類でも結構です。添えているのはメレンゲのお菓子、ジャポネ（p.92参照）です。シャーベットやアイスクリームにとても相性がよいです。

メロンのシャーベットを作ります

メロンは酸味がないのでレモンを加えると味がしまりますが、多すぎないように。私の知る限りおいしいメロンリキュールがないので、キルッシュ酒を加えました。オレンジ系のコアントローでも。

材料(メロン大1個・1,300g分)
メロンのピュレ…600g
砂糖…120〜150g(ピュレの20〜25%)
レモン汁…適量
リキュール…適量

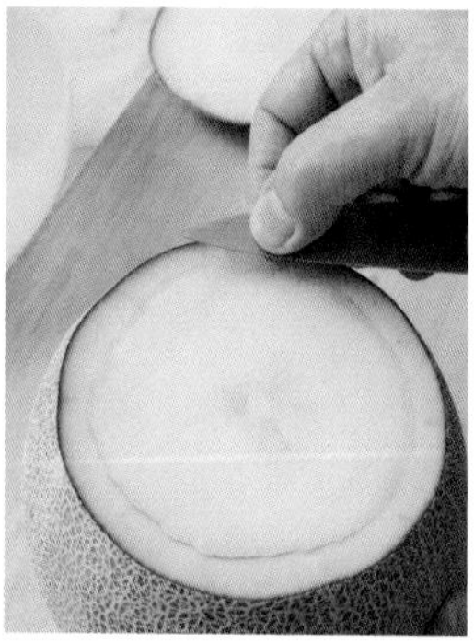

1

でき上がりのバランスを考え、メロンの上部を切ってふたを作る。器になったときの皮の厚みを考え、小型ナイフの刃先で、ぐるりと切り目を入れる。このとき、小さいナイフの刃先を指の先から2cmほど出して切るとうまくいく。

2

スプーンで果肉をくりぬく。種の部分と一緒にならないようにする。種の部分は網に入れ、スプーンなどで果汁を搾る。果肉と果汁をスティックミキサーなどにかけて、ピュレにして計量する。

3

2に20%の砂糖を加えて攪拌し、砂糖を溶かす。味をみて足りなければ、残りの砂糖を加える。レモン汁、リキュールを加えると味がしまる。

4

3をバットに流し入れる。メロンの皮の器とともに冷凍庫に入れる。

5

完全に凍ったところで、へらで大まかに砕き、適量ずつフードプロセッサーに入れて攪拌する。かたすぎるとフードプロセッサーの故障につながるので注意。

6

塊がなくなり、なめらかになったらボウルなどに移し、残りも同様にする。攪拌しすぎて溶かしてしまうと、元のピュレに戻るので注意する。

7

凍った皮の器にシャーベットをすき間がないように詰める。最後は表面をパレットナイフやテーブルナイフでドーム状に盛り上げる。らせん状の模様をつけてもよい。

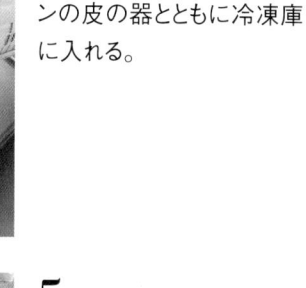

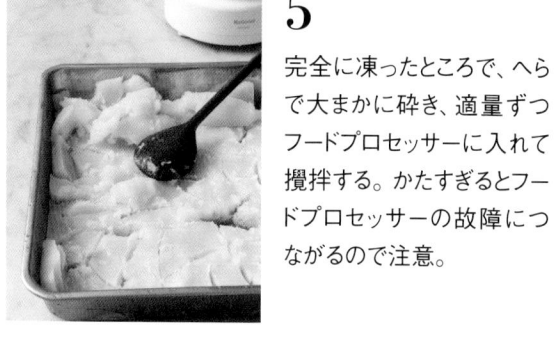

桃のシャーベットを作ります

材料(作りやすい分量)
桃…500g(正味)
シロップ
- 砂糖…170〜200g(桃の35〜40%)
- 水…170〜200g(同上)
- レモン汁…適量

リキュール…適量

＊桃のリキュールまたは、キルッシュ酒、コアントロー など。

1

桃は洗って産毛を取り、種に当たるまでナイフを入れ、ひねって二つに割り、種を除く。二つに割れなければ30°くらいずつ果肉を切って種からはずす。重量をはかり、シロップの分量を決める。

2

鍋に分量の砂糖と水を入れ、火にかけてシロップを作る。レモン汁を加えて1の桃を加える。皮から色が出て、桃がくたっとするまで煮る。

3

2の桃をざるに上げ、シロップをとりおく。はがれた皮を取り除いて、実に残った皮はナイフなどでむく。適量ずつ実と煮汁をスティックミキサーでピュレにする。フードプロセッサーの場合は、実だけ攪拌してピュレにし、あとで煮汁を加える。味をみて、酸味が足りなければレモン汁、好みでリキュールを加える。

4

3をバットに流し入れる。冷凍庫に入れて完全に凍らせる。

5

へらで大まかに砕き、フードプロセッサーに入れて攪拌する。かたすぎるとフードプロセッサーの故障につながるので注意。塊がなくなり、なめらかになったらボウルなどに移し、残りも同様にする。攪拌しすぎて溶かしてしまうと、元のピュレに戻るので注意する。

桃のコンポートとピーチ・メルバ

Compote de pêche

私も缶詰や瓶詰のフルーツを使いますが、生から手作りするとやはり新鮮な食感、味、ことに香りを強く感じます。また桃は、色が美しいのです。ここではピーチ・メルバに仕立てます。高名な料理人、オーギュスト・エスコフィエが、やはり高名なオペラ歌手ネリー・メルバにささげたデザートです。もちろん、そのままでも、ゼリー、ババロワなどと組み合わせてもよく、ショートケーキ、タルトなどにも応用してください。桃を二つに割っていますが、桃によっては種が離れにくいものもあります。その場合、ナイフを筋目に沿って種に当たるまで入れ、ぐるりと1周、また大きめの桃であれば90°回してもう1周、2等分、あるいは4等分になるよう切れ目を入れ、そのまま煮ます。

シロップは鍋の形、大きさで必要な量が大きく変わります。具合のよい鍋を選んでください。りんご、洋梨、びわ、プラム、黄桃などにも応用できます。

材料（作りやすい分量）
桃…4〜5個（中玉）
シロップ
- 水…400g
- 白ワイン…200g
- 砂糖…200g
- レモン汁…大さじ2ほど

1 シロップを作る。すべての材料を鍋に入れ、砂糖を溶かしてひと煮立ちさせる。

2 桃は筋目に沿って種に当たるまでナイフを入れ、ぐるりと一回りさせる。両手で持ち、つぶさないようにひねり、二つに分ける(a)。片側に残った種をスプーンではずす。種から離れず二つに分けられない場合は、切れ目を入れて丸いまま煮る。シロップが足りなければ同じ割合で増やす。

3 桃をシロップに入れ、穴をあけた紙ぶたをして、中火にかける。煮立ったら火を弱め、弱い沸騰を保ち10〜12分煮る(b)。

4 火を止めて桃を返し、紙ぶたを戻してそのまま冷ます。皮は冷めてから箸などでそっとはずす。

a

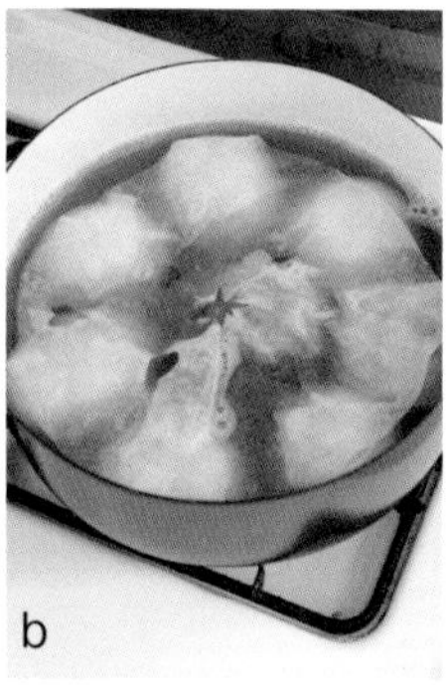
b

ピーチ・メルバ

1 フランボワーズソースを作る。冷凍のフランボワーズを解凍し、裏ごしして砂糖を適量混ぜ、好みでリキュールを加える。

2 器に桃のコンポートとバニラアイスクリーム(p.110参照)を盛り、フランボワーズソースをかけて仕上げる。

Pêche Melba《ピーチ・メルバ》

お菓子をもう一つ上等にする

あんずジャム
Confiture d'abricot

夏みかんのマーマレード
Marmelade d'orange amère

私が夏みかんのマーマレードを作るようになったのは、ここ数年のことです。教室の40年来の生徒さんでご自身も料理の先生、庭にさまざまな柑橘類を育てていらして、毎年春になると手製の夏みかんのマーマレードをくださり、私も楽しみに待っていました。悲しいことに病に倒れられ、マーマレードもいただけなくなりましたが、ご親族が夏みかんを届けてくださるようになり、私のマーマレード作りが始まりました。

いちごジャムに比べるとずいぶん手間がかかりますが、本当においしいのです。フランス人が朝食にバゲットを二つ割りにし、バターをたっぷりぬり、ジャムをのせて食べる〝タルティーヌ〟。フランス人はタルティーヌにあまりマ

洋菓子作りに欠かせないジャムです。もちろんフランボワーズ、カシスなどのジャムも大切ですが、あんずジャムは特別です。どの生地、クリーム、ナッツ、フルーツとも相性がよく、少し大げさですが万能なのです。市販品もたくさんありますが、家庭向きの品は一般にゆるすぎるし、業務用の品はあんずの風味に乏しく飴っぽいし、とにかく作らないわけにはいかないのです。

生のあんずをそのまま食べると甘み、酸味もなく香りも薄く「?」と思いますが、砂糖とともに煮ると見事においしいジャムに変身します。生食向きのハーコットという品種はジャムには向かないようです。

ここで紹介する作り方は菓子作りに使いやすいように途中、網でこしてなめらかにする方法です。

あんずジャム

材料(作りやすい分量)
あんず…900g(2パック分)
水…250〜300g
砂糖…700g(あんずの約80%)

1 あんずは二つに切り、種を除く。種は数粒とりおく。鍋にあんずと分量の水を入れて火にかけ、ときどき鍋底をかきながら、あんずが充分煮くずれるまで煮る。
2 数回に分けてストレーナーに移し、しっかりしたへらでこす。最後には網にほんの少し繊維が残る。
3 鍋に移して、強火にかけ、煮立ったら中火にして、へらで鍋底をかきながら煮る。
4 数分たって少し水分が飛んだ頃に砂糖を加え、105℃になるまで煮つめる。
5 熱いうちにアルコールで殺菌した瓶に詰め、ふたの内側にもアルコールを吹きつけて口を閉める。

*明るいところに保存すると茶色っぽく変色するので、冷暗所に置きます。冷蔵庫が理想。

ーマレードをのせませんが、そうして食べると、とにかくおいしいのです。もちろん、英国流に薄切りのカリカリトーストにバター、マーマレードもおいしいのですが。

「夏みかんの皮は何回ゆでこぼしますか?」とよくきかれます。私は苦みが苦手ではないので、1回だけゆでこぼしています。もちろん、お好みで2回でも結構です。私はほどよい苦みはマーマレードの必要条件だと思っています。私のマーマレードは苦みを残していますが、砂糖もしっかり入っています。甘みと苦み、そして酸味のバランスが大事なのです。

夏みかんのマーマレード

材料(作りやすい分量)
夏みかん…1.6kg(4個分)
┌果汁…600g
└皮…650g
砂糖…1kg(果汁+皮の80%)

1 夏みかんは表面をよく洗って、横二つに切り、果汁を搾って網でこし、種をとりおく。
2 皮に残った袋を取り出し、さらし布かガーゼに種とともに包み、てるてる坊主のようにたこ糸でくくって縛る。
3 皮を刻む。半割りの皮を4等分にしてから、長さ、厚みを均等にそろうように切る。
4 大きめの鍋に皮とたっぷりの水を入れ、強火にかける。煮立ったら火を弱めて10〜15分煮て、ざるにあけて煮汁は捨てる。皮を鍋に戻し、新たにひたひたの水を入れ、2で用意した包みを加えて強火にかける。煮立ったら中火にして途中で果汁を加え、皮が充分にやわらかくなるまで煮て砂糖を加える。
5 105℃になるまで煮る。温度計がなければ経験と勘に頼ることになる。ジャム類は冷めるととろみが強くなる。
6 熱いうちにアルコール殺菌した瓶に詰め、ふたの内側にもアルコールを吹きつけて口を閉める。

*明るいところに保存すると茶色っぽく変色するので、冷暗所に置きます。冷蔵庫が理想。

ラム酒漬けレーズン

材料（作りやすい分量）
レーズン（黒）…500g＊
サルタナレーズン（白）…500g＊
＊オイルコーティングでないもの
砂糖…100g（レーズンの10%）
レモン汁…1個分
ラム酒…適量

1 レーズン2種はぬるま湯でさっと洗い、大きめの平鍋に入れ、ひたひたより少ない水を注ぎ、分量の砂糖、レモン汁を加えて強火で煮る。ときどき混ぜながら、汁気がなくなるまで煮て、瓶に移す。
2 1の瓶にひたひたになるまでラム酒を注ぐ。冷蔵庫で保存する。

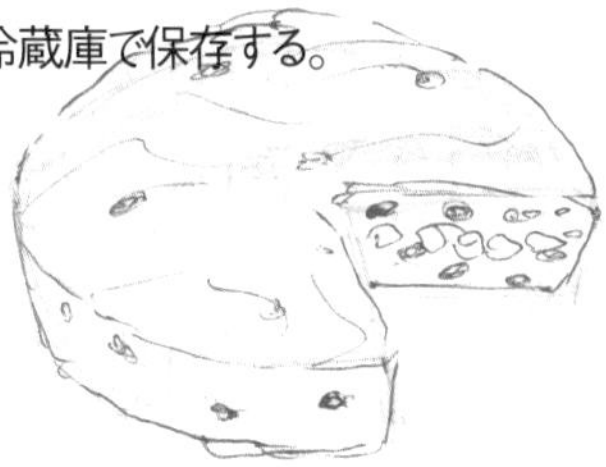

リキュール入りシロップ

ショートケーキなどスポンジケーキのお菓子によく使います。スポンジケーキがしっとりとし、クリーム類との相性がさらによくなります。子ども用にはリキュールを加えずに、果汁を利用してもよいでしょう。シロップは水2対砂糖1が標準です。ショートケーキ1台には、砂糖30〜40g、水60〜80gくらい。アルコールはお好みですが、大さじ1を目安にします。

材料（作りやすい分量）
┌砂糖…30g
└水…60g
キルッシュ酒
（または好みのリキュール）…大さじ1

1 小鍋に砂糖、分量の水を入れて火にかけ、混ぜながらひと煮立ちさせ、砂糖を溶かす。器に移して冷まし、キルッシュ酒を加える。

カルヴァドス…ぶどうのとれないフランス・ノルマンディ地方で、ぶどうからワイン、さらにブランデーをつくるように、りんごからつくられる蒸留酒です。ぶどうのワインにあたるところは、"シードル"です。私は秋になるとりんごのお菓子をよく作ります。ほかのアルコール類でもよいと思っても、やはりカルヴァドスが欲しくなります。

ラム酒…砂糖きびの廃糖蜜、搾り汁などを発酵させ、これを蒸留、熟成させてつくります。無色透明のホワイトラムと琥珀色のダークラムがあります。ダークラムは風味が強く、私はこちらを使っています。レーズンなどを漬けるのにも向いています。

フランボワーズジャム

色、香り、味とすべてに華やかなジャムです。これも市販品では思うような品が求めにくいので手作りしています。とても簡単に作れます。

材料（作りやすい分量）
冷凍フランボワーズ（解凍する）…200g
砂糖…160g

1 片手鍋にフランボワーズと砂糖を入れて火にかける。へらで粒を砕くように混ぜながら煮る。へらで鍋底をかいたときに、筋がついて一瞬鍋底が見えたら、煮上がりの目安。
2 熱いうちに殺菌した瓶に詰め、口を閉める。

アルコール・リキュール

お菓子の風味づけに使いたくなります。若いときにはたくさん加えていましたが、近頃は控えめがよいように思います。もちろん、お菓子によりますが。

コアントロー…オレンジの皮をアルコールと蒸留し、砂糖、水を加えてつくります。無色透明でオレンジの香り高いリキュールです。オレンジのリキュールとしてはグラン・マルニエもおすすめです。コニャックが加えられているとのこと、琥珀色をした重厚なリキュールです。

キルッシュ酒…キルッシュはドイツ語で桜桃のこと。さくらんぼを種ごとつぶし、これをワインのように発酵させてねかせた後、蒸留したブランデーです。これをキルッシュ・ワッサーと言い、砂糖を加えたものをキルッシュ・リキュールと言います。さくらんぼの種の独特な香りがあります。とても上品な風味でお菓子用に1種だけといわれると、私はキルッシュ酒を選ぶだろうと思います。

プラリネ

チョコレートのセンターなどに使うには、もう少し丁寧に一粒ずつになるよう作りますが、ここでは刻んで使うので、最も手軽な作り方です。ヘーゼルナッツ、くるみなどでも同様にできます。

材料（作りやすい分量）

アーモンドホール…50g

- 砂糖…30g
- 水…小さじ1～2

バター…小さじ⅕

準備

・アーモンドをローストする。

・フッ素樹脂加工の天板またはオーブンペーパーを敷く。

1 小型の片手鍋に砂糖と分量の水を入れて、中火にかける。

＊p.74のキャラメル参照してください。

2 ほどよくキャラメルになったところで火からはずしてアーモンドを加え、火に戻してアーモンドにキャラメルをまんべんなくからめ、バターを加えて手早く混ぜ（a）、用意した天板に重ならないように広げる（b）。

3 冷めたら湿気ないように密閉容器に保存する。刻む場合は、まな板に厚紙を敷いた上で刻む（c）。

c

b

a

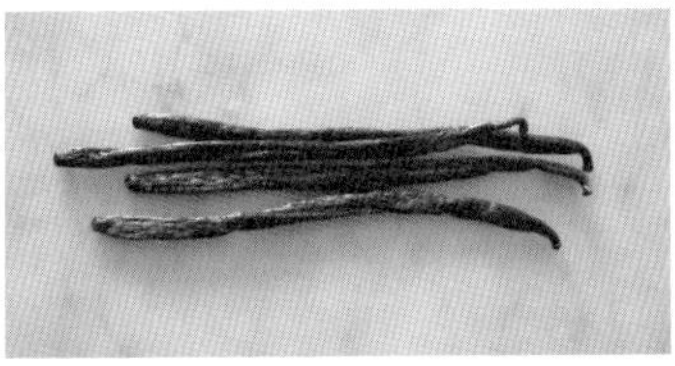

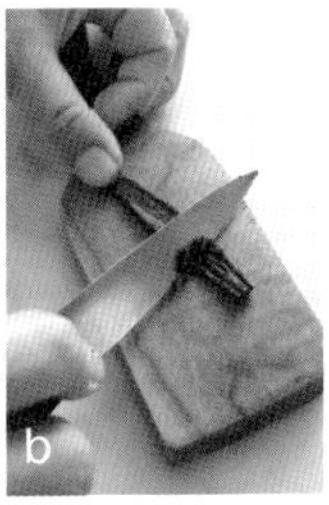
b

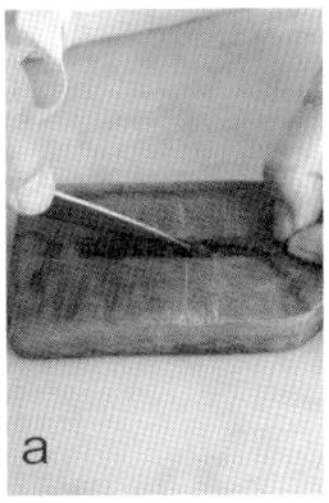
a

バニラビーンズ

熱帯地方でとれるラン科の植物の実です。緑色のさや状でこれを発酵させると、ご存じの香りが生まれます。本書では、カスタードクリームやカスタードプリンなどを作るときに使っています。ナイフでさやを縦に裂き（a）、種をしごき出して（b）、さやと種を牛乳に入れて、ゆっくり沸かして香りを引き出します。焼き菓子にはバニラビーンズから抽出したバニラエクストラクトを使います。合成バニラはおすすめしません。

オレンジピール

有機栽培の伊予柑で作ります。夏みかんなどでも同様に作れますが、色、香りがよく苦みが少ないのでおすすめです。

材料（作りやすい分量）

伊予柑…4～5個

シロップ

- 水…200g
- 砂糖…550g

1 四つ割りにした伊予柑の皮をたっぷりの水と鍋に入れ、煮立ったところで数分煮て、一度ゆでこぼす。再びたっぷりの水を鍋に入れ、充分にやわらかくなるまでゆでる。

※煮くずれては困りますが、シロップに漬けるとしまってきます。

2 布巾で水気を取り、保存瓶などに縦に並べる。

3 水200gに砂糖100gを加えて、ひと煮立ちさせてシロップを作り、これを熱いうちに2に注ぎ、シロップが皮にかぶるようにする。これを涼しいところに一昼夜おく。

＊シロップが足りなければ同じ2対1の割合でシロップを適量作り、足します。1回目のシロップの分量は、後で加える砂糖の量にかかわっているので記しておきます。

4 翌日、瓶の中のシロップだけを鍋に移し、砂糖100gを加えてひと煮立ちさせ、これを熱いうちに瓶に戻す。

5 3日目、4日目と同様に繰り返して、5日目は砂糖を150gにする。最終的には水200gに砂糖が550g入ることになる。

＊1回目にシロップが足りなくて増やした場合、2回目以降も1回目と同じ量の砂糖を加え、5回目は1.5倍にする。

6 5のまま1週間ほどおいた後、全体を鍋にあけてひと煮立ちさせ、殺菌した瓶にシロップとともに詰めて保存する。

道具について

1.網
ステンレス製のストレーナーと目の細かいプラスチック製を使っています。以前は小型の粉ふるいなど作ってもらっていましたが、便利なプラスチック製を見つけてから、これになりました。

2.ボウル
生地作りには、丈夫なステンレス製がメインになります。火にもかけられますし、湯せんにかけたり、冷やしたり、熱伝導もよく便利です。よく使うのは直径24、21、18、15cmの4種と、柄つきの直径18cmのものです。電子レンジにも使える深型の耐熱ガラス製、これは冷凍庫で冷やすとクレーム・シャンティイの泡立てにも便利です。

3.ハンドミキサー
スポンジケーキの卵の泡立て、メレンゲなど、ミキサーなしは考えられません。私は泡立てが2本ついているものを主に使っています。パワーのあるものをおすすめします。もちろんスタンド式のミキサーも使用しています。

10.温度計
p.112ヌガ・グラッセでイタリアンメレンゲを作る際や、p.120あんずジャムなど、仕上がり具合を見るのに温度計は欠かせません。

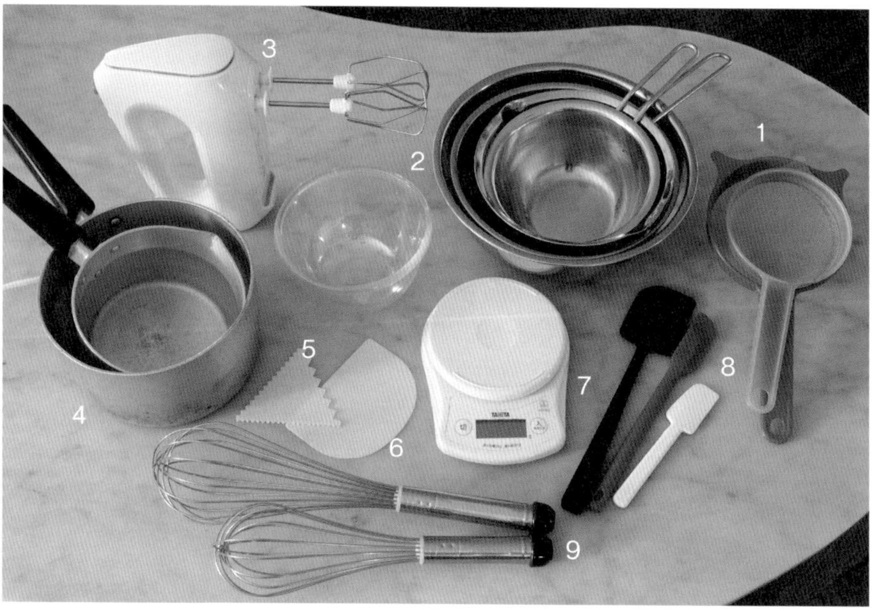

4.鍋
牛乳を沸かす分には、どのような鍋でもかまいません。本書ではシュー生地の場合など、私が使っているのは直径14cm、深さ9cmのアルミ製の〝ミルク沸かし〟。卵を加える際に、生地が逃げて飛び出さず具合がよいのです。また、同じメーカーの直径18cm深型ソースパン。これはプラリネなどに具合がよいです。

5.三角ぐし
クリームなどに筋模様をつけます。私は主に波模様にします。クリームを平らにぬるのは熟練しないと難しいので、波模様で少々ごまかすのです。

6.プラスチックカード（仏語コルヌ）
円形の部分と直線の部分を使い分け、生地作りからかたづけまで、最もシンプルで便利な道具です。

7.はかり
デジタルのものが便利です。1gから2kgまではかれるものを使っています。ボウルや鍋をのせて、次々と材料を加えたり、逆に引いたりと、とても便利です。

8.へら（シリコン製）
（大、中、小）
近頃は、ほとんどシリコン製を使うようになりました。以前はシュー生地など必ず木べらを使っていましたが、今はしなりのあるシリコン製を使っています。用途によって大きさ、かたさ、厚さの異なるものを使い分けています。本書でよく出てくる黒いシリコンべらは、万能ではありませんが、おすすめです。

9.泡立て器
ステンレス製のしっかりしたものを使います。私は粉を混ぜる際も泡立て器をよく使います。ワイヤの間を通して混ぜるので、間があまり狭いものは使いにくい。長さは30cm、27cm、24cmの3種と小型の1本を用意します。

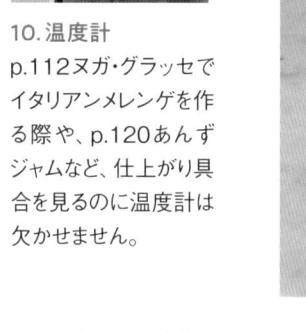

14. 網台
焼き菓子を冷ますのに使います。熱や水分が抜けやすい足つきが便利。

15. 霧吹き
スポンジケーキ、バターケーキ、シューなどに、オーブンに入れる前に使います。細かい霧が出るものを選びます。

12. ケーキサーバー
ケーキサーバーですが、先端が薄いのでサブレなどを天板からはずすのにとても便利で、木の握りの部分や金属部の曲がり具合も見事です。

13. パレットナイフ
ステンレス製で先端へ行くほど薄く、弾力のあるものを選びます。刃の部分が20㎝くらいのものが便利です。

11. めん棒
写真はプラスチック製で刻みのあるものです。ポリフィルムにはさんだ生地をのばす際、すべらず便利です。写真にはありませんが、水道管をめん棒として使っています。表面がなめらかで、洗ってもすぐ乾き、反ったりせず、とても具合がよいものです。

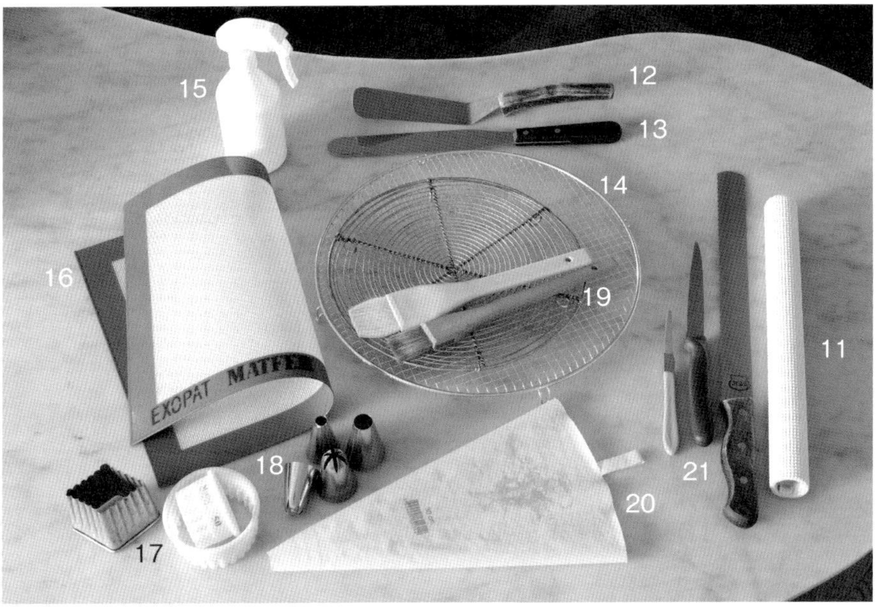

20. 絞り袋
ごわごわしたものは使いにくいので、しなやかで洗いやすく、乾きやすいものを選びます。生クリームのパックにおまけでつく絞り袋はとても便利で、洗って繰り返し使えます。

21. ナイフ
直径20㎝くらいのスポンジケーキをスライスするには、刃渡りが30㎝くらいある波刃のナイフが必要です。また、小型のお菓子用には、刃渡り12〜13㎝のやはり波刃のものを用意します。波刃のナイフはお菓子に余分な圧力がかからないので、つぶさずに切れます。決して押しつけて切らないように、のこぎりのように前後に大きく動かしながら切ります。

18. 口金
小さい口金がたくさん並ぶセットものを選ぶより、必要なものだけ求めてください。
丸口金…シュー生地(p.71)などに直径10㎜、モンブランのメレンゲ(p.90)には直径15㎜を使いました。
星形口金…ムラング・ア・ラ・シャンティイ(p.88)のメレンゲには直径20㎜6切れ、クレーム・シャンティイには直径20㎜と少し小さい直径16〜18㎜を使いました。バタークリームにはもう少し小さいものが向いています。

19. 刷毛
ジャム、シロップ、バターなどをぬるのに使います。大切なのは毛が抜けないこと。用途により、毛のかたさ、大きさが異なるものをそろえると便利です。

16. シリコンマット
耐久性があり長く使えます。特にシュー生地に向いていると思います。ただ、古くなると脂っぽくベタついてくるのが難点です。

17. 抜き型
サブレ用…形は違っても、ボリュームが近いと焼く際に便利で、並べたときにもそろいます。
タルトレット用…手持ちの型に合わせて求めます。例えば直径6.5㎝の型には直径7㎝の抜き型が、具合がよいです。抜き型が大きすぎると型からはみ出します。多少小さい分には生地を厚めにして、指で押して広げて合わせます。

型の準備

バターをぬり、粉をふりかける

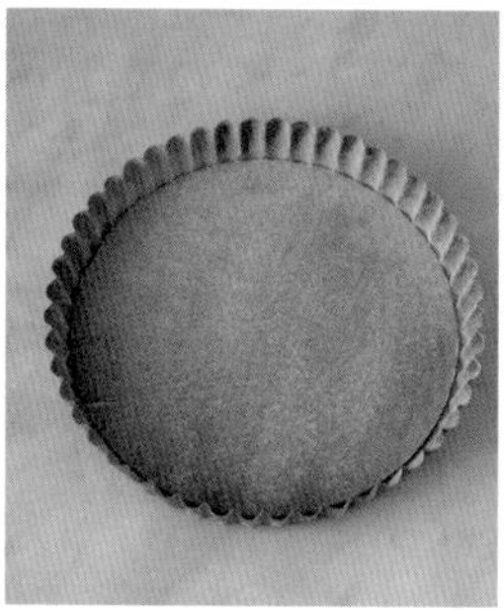

タルト型

(p.54アーモンドクリームのタルト、p.58メイズ・オブ・オナー、p.66タルト・オ・フロマージュに使用)
右を参照する。

タルトレット型

(p.62ヘーゼルナッツのタルトレット、p.64アマンディーヌ・オ・ショコラに使用)
右を参照する。

マンケ型

(p.12スポンジケーキ、p.18いちごのショートケーキ、p.36青けしの実のトルテ、p.104バナナ入りチョコレートババロワケーキに使用)
マンケ型の底面に合わせて紙を丸く切る。型の内側面に刷毛でやわらかいバターをぬり(a)、冷蔵庫でバターを冷やし固めて強力粉をふりかける(b)。型を台に軽く打ちつけて余分な粉を払い(c)(d)、底紙を敷く(e)。

銅の型

(p.20アーモンド入りスポンジケーキに使用)
銅型の内側に刷毛でやわらかいバターをぬり、冷蔵庫でバターを冷やし固めて強力粉をふりかける。型を台に軽く打ちつけて余分な粉を払う。

リング型

(p.38シバの女王に使用)
銅の型と同様にする。

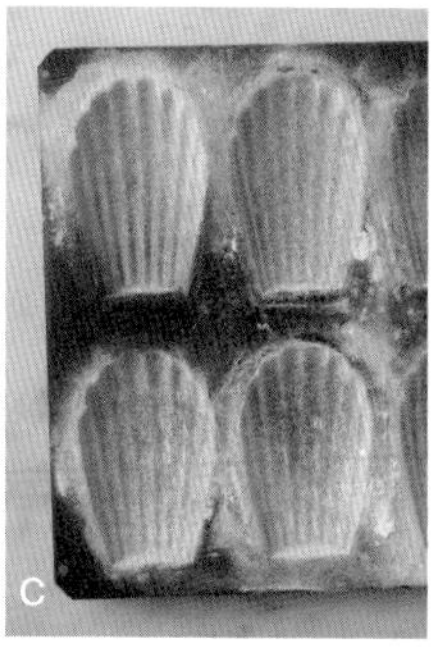

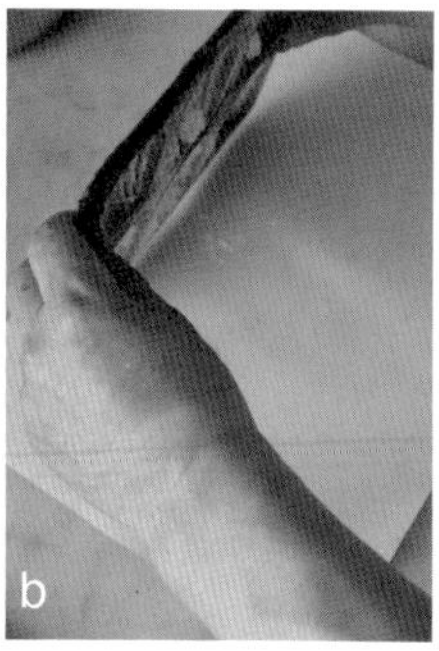

マドレーヌ型

(p.26マドレーヌに使用)
型の内側に刷毛でやわらかいバターをぬり、冷蔵庫でバターを冷やし固めて強力粉をふりかける。型を2枚合わせて上下左右にふり、粉を均一につけ(a)、型を台に軽く打ちつけて(b)、余分な粉を払う(c)。

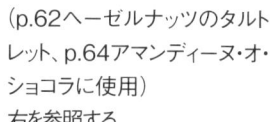

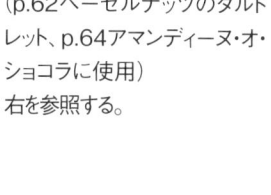

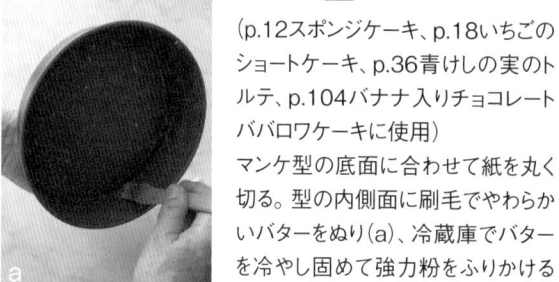

紙を敷く

天板

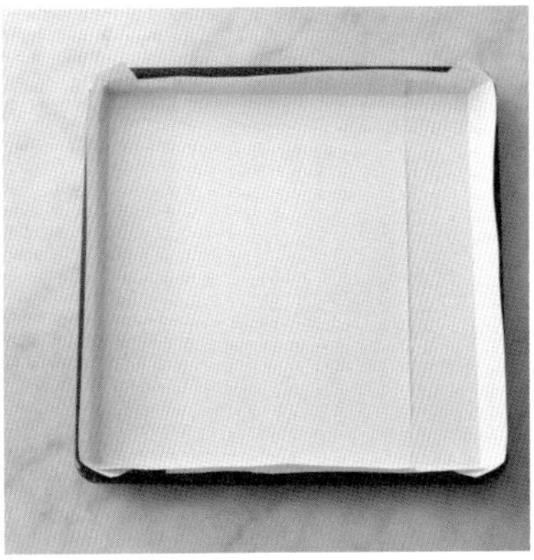

(p.22フランボワーズクリームのロールケーキに使用)
天板にわら半紙を周囲2cmほど立ち上がらせて敷く。四隅は切り込みを入れてきちんと折る。ここではわら半紙を2枚使用。
*オーブンに付属の天板はロールケーキに向いていない場合が多いです。製菓道具店でロールケーキ用天板が売られています。

パウンド型

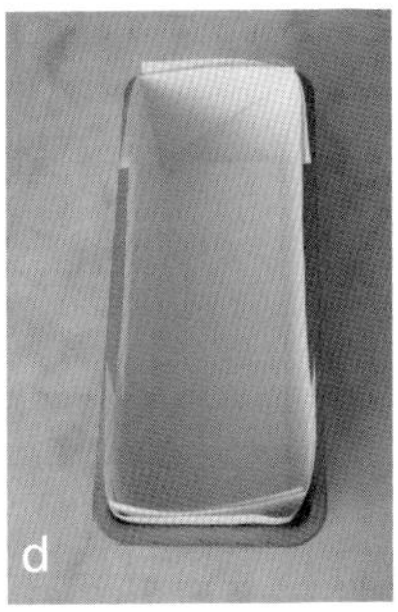

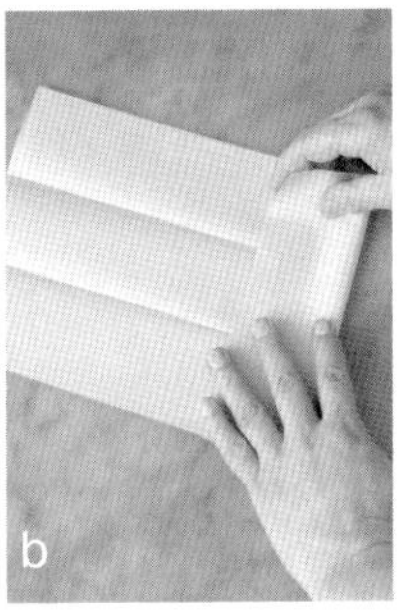

(p.32フルーツケーキに使用)
敷き紙を作る。わら半紙に型をのせて型の縁から2cmくらい出るように合わせ(a)、余分は切り取る。紙の中央に型をのせて底面の四辺に鉛筆で線を記す。紙を返して線を裏にして、ほんの少し小さめに四辺を折る(b)。四隅は角から少しずらしてはさみで切り込みを入れる(c)。両端は長い側面の分が内側になるように敷き込む(d)。

*短いほうを内側にすると、紙の端がケーキの生地に入り込んでしまいます。

タルトレット型

(p.28バナナ入りマドレーヌに使用)
6.5cmのタルトレット型に型に合ったグラシン紙カップを敷く。

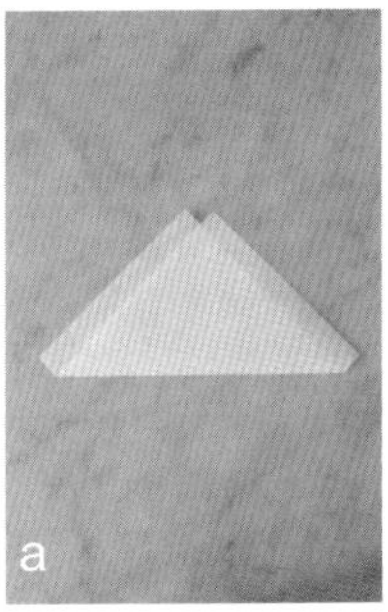

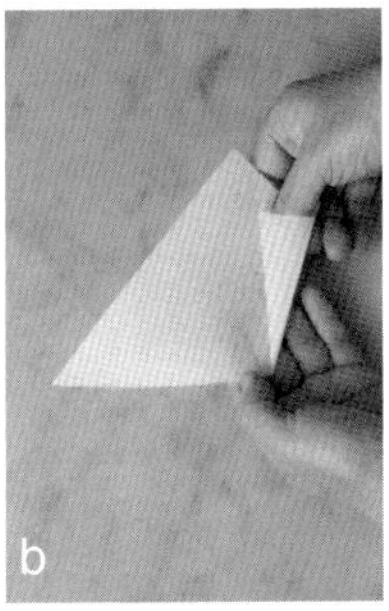

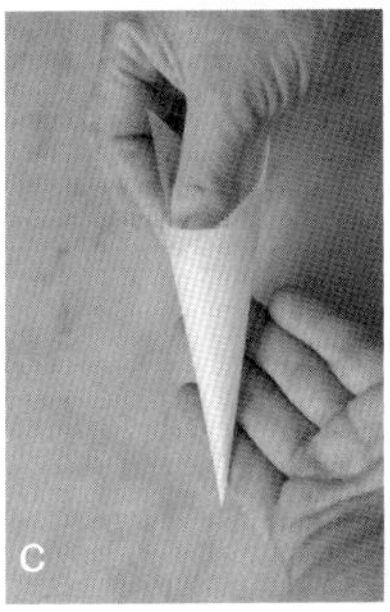

紙コルネ

(p.106ガトー・スイスに使用)
縦横比が2対3くらいの長方形のクッキングペーパーを使う。対角線から少しずらして、変形の直角三角形を2枚とる(a)。長辺を下にして置き、頂点から真っすぐ下ろしたところがいわゆる口金の先にあたる。短いほうから、円錐形に巻いていく(b)。先端はきっちり締まっていること(c)。ジャム、クリームなどを入れ、上をきちんとたたむように折る。先端ははさみで必要な大きさに切る。

相原一吉(あいはら・かずよし)
香川栄養専門学校製菓科卒業後、日本の洋菓子研究の先駆者である故・宮川敏子氏(スイス・フランス菓子研究所主宰)の助手となる。氏の急逝後、同研究所を引き継ぎ、氏のモットーである「家庭だからこそ最高においしいお菓子を」の思いのもとに研究を続けている。
本書では、普遍的なお菓子のおいしさを追求してきた著者ならではのレシピを披露。

スイス・フランス菓子研究所
「お菓子の教室」
〒114-0015 東京都北区中里1-15-2
大河原ビル802
Tel＆Fax 03-3824-3477

デザイン　川﨑洋子
撮影・スタイリング　ローラン麻奈
校閲　山脇節子
編集　浅井香織(文化出版局)

プリンティングディレクター　杉浦啓之(凸版印刷)

協力　製菓材料・ラッピング資材の
通販サイトcotta(コッタ)
https://www.cotta.jp/

相原一吉の好評既刊
『お菓子作りのなぜ?がわかる本』
『きちんとわかる、ちゃんと作れる!チョコレートのお菓子の本』
『作り方のなぜ?がよくわかるタルトの本』
『バターの使い方がわかるお菓子の本』

自分で作れる 最高のお菓子

2023年3月30日　第1刷発行

著　者　相原一吉
発行者　清木孝悦
発行所　学校法人文化学園 文化出版局
〒151-8524　東京都渋谷区代々木3-22-1
電話03-3299-2565(編集)　03-3299-2540(営業)
印刷所　凸版印刷株式会社
製本所　大口製本印刷株式会社

文化出版局のホームページ　https://books.bunka.ac.jp/